Englands bekanntester Fluß mäandert gemächlich von seiner Quelle in den Cotswold Hills über 344 km durch eine liebliche Countryside bis in die Nordsee und ist ein Paradies für Bootswanderer, Flußfahrer und Spaziergänger. An seinen Ufern zieht sich der Themsepfad mal links, mal rechts entlang und lädt zur Erkundung der Geschichte des Landes ein. Schon seit den Zeiten der Römer ist der Strom eine der wichtigen Lebensadern des Landes, und im Laufe der Historie haben sich ungezählte Dichter, Maler und Musiker von ihm inspirieren lassen. Entlang seiner Gestade finden sich kleine, verschlafene Dörfer, in denen die Zeit stehengeblieben scheint, prachtvolle, geschichtsbeladene Adelshäuser, die quirlige Universitätsstadt Oxford, das Örtchen Henley-on-Thames, in dem in jedem Jahr die berühmte Flußregatta stattfindet; er fließt durch die Schulstadt Eton und das königliche Windsor und verleiht der Metropole London ihren Charme. Viele Anekdoten und Geschichten gibt es zu berichten von dem, was sich an der Themse zutrug, von den bekannten Persönlichkeiten, die an ihren Ufern lebten und arbeiteten und die Kultur Englands prägten. So treffen wir auf unserer Tour entlang des Flusses Henry James, Oscar Wilde, Lewis Carroll, H. G. Wells, A. A. Milne, D. H. Lawrence, T. S. Eliot, Virginia Woolf u. v. a.

Eine Karte und der umfangreiche Serviceteil machen dieses Buch zu einem nützlichen Begleiter für England-Reisende.

Hans-Günter Semsek lebt als freier Journalist und Buchautor in Köln und hat mehrere Reiseführer über die Britischen Inseln geschrieben.

Im insel taschenbuch liegt außerdem von ihm vor: *Englische Dichter und ihre Häuser.*

insel taschenbuch 3333
Die Themse

Die Themse

Ein Reisebegleiter

Von Hans-Günter Semsek
Mit farbigen Fotografien und Karte

Insel Verlag

S. 4: Marlow, Luftaufnahme

insel taschenbuch 3333
Erste Auflage 2008
© Insel Verlag Frankfurt am Main und Leipzig 2008
Alle Rechte vorbehalten, insbesondere das der Übersetzung,
des öffentlichen Vortrags sowie der Übertragung
durch Rundfunk und Fernsehen, auch einzelner Teile.
Kein Teil des Werkes darf in irgendeiner Form
(durch Fotografie, Mikrofilm oder andere Verfahren)
ohne schriftliche Genehmigung des Verlages
reproduziert oder unter Verwendung elektronischer Systeme
verarbeitet, vervielfältigt oder verbreitet werden.
Vertrieb durch den Suhrkamp Taschenbuch Verlag
Umschlag: Elke Dörr
Satz: Hümmer GmbH, Waldbüttelbrunn
Druck: Druckhaus Nomos, Sinzheim
Printed in Germany
ISBN 978-3-458-35033-0

1 2 3 4 5 6 – 13 12 11 10 09 08

Inhalt

Die Themse

OXFORDSHIRE

Woodstock

Eynsham

OXFORD

Sandford

GLOUCESTERSHIRE

ABINGDON

Newbridge

Fairford

LECHLADE

Faringdon

Dorchester

Kemble

WALLINGFORD

Ewen

CRICKLADE

HIGHWORTH

Goring-
on-Thames

Pangbourne

BERKSHIRE

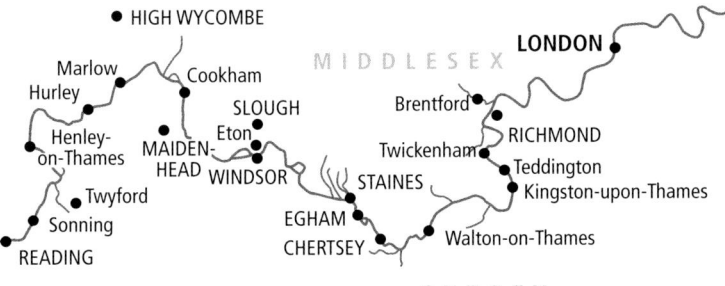

BUCKINGHAMSHIRE

● HIGH WYCOMBE

MIDDLESEX

LONDON ●

Marlow
Hurley
Cookham
Brentford ●

SLOUGH
RICHMOND
Eton
Henley-
on-Thames
MAIDEN-
HEAD
Twickenham
Teddington
Twyford
WINDSOR
STAINES
Kingston-upon-Thames
Sonning
EGHAM
Walton-on-Thames
READING
CHERTSEY

SURREY

1 Thames Head bis Lechlade

Auf dem Themse-Pfad 37,2 km – Rund um die Quelle der Themse – Die Cotswold Hills – Ein stoischer Pub-Wirt im Thames Head – Eine sumpfige Mulde – Der Sapperton-Tunnel samt Themse-und-Severn-Kanal – Capt'n Horatio Hornblower muß »wandern« gehen – Cricklade und sein Freibrief – Tödliche Hofintrigen – Lammas Land – William Morris und die »Society for the Protection of Ancient Buildings«

Von der Quelle der Themse bis zur Thames Barrier in Woolwich im Osten von London kann man unmittelbar am Fluß – mal auf der rechten, mal auf der linken Uferseite – auf dem Themse-Pfad entlangwandern oder mit dem Rad fahren (einige sehr schmale Abschnitte des Themse-Pfades sind allerdings für Radfahrer gesperrt). Man kann den Strom, der durch eine der schönsten und geschichtsträchtigsten Landschaften Englands führt, aber auch mit einem Boot oder in einem Kabinenkreuzer erkunden.

Die Themse entspringt 116 m über NN in den Cotswold Hills und mündet nach 344 km beim Seebad Southend-on-Sea östlich von London in die Nordsee. Die Bergkette der Cotswolds ist eine zauberhafte Landschaft rund 150 km nordwestlich von London gelegen. Am Fuße dieser wie onduliert wirkenden Hügelgegend liegt die Universitätsstadt Oxford. Viele der kleinen Dörfer und Weiler in den Cotswolds lohnen einen Besuch. Mit ihren Fachwerkhäusern und den katzenkopfgepflasterten Straßen, mit den uralten Pubs, von denen in früheren Tagen viele als Postkutschenstationen dienten, scheinen sie in einem fast 400 Jahre währenden Dornröschenschlaf zu liegen. Im 16. und 17.

Jahrhundert kamen die Bewohner der Region durch Tuch-handel und Weberei zu Wohlstand.

Die alte Marktstadt Cirencester im Süden der Cotswolds ist Ausgangspunkt der Reise. Cirencester wurde von den Römern unter dem Namen Corinium gegründet und war eine der größten Siedlungen im römischen Britannien. Hier liefen zwei wichtige Straßen zusammen: der Fosse und der Ermin Way. Ersterer verlief vom südenglischen Exeter in nordöstliche Richtung bis nach Lincoln. Nachdem die Rö-mer den Süden unter Kontrolle bekommen hatten, wollten sie sich über diese Trasse auch den Norden und den Osten untertan zu machen. Die heutige A 429 folgt weitgehend dem römischen Vorbild. Der Ermin Way traf aus südöst-licher Richtung auf Cirencester und führte weiter in nord-westliche Richtung bis zur großen Legionärsbefestigung Gloucester. Die A 419 und die A 417 markieren heute die Route dieser einstigen Legionärsstraße.

Cirencester wird überragt vom Turm der »Wollkirche«, der im 15. Jahrhundert zusammen mit dem Portal im go-tischen Perpendicular-Stil erbaut wurde. Die Errichtung des St. John's Hospital, von dem noch einige Arkaden-gänge erhalten sind, ist Heinrich III. (reg. 1216-72) zu ver-danken. Mit der Historie von Cirencester macht das Cori-nium-Museum in der Park Street vertraut.

Unmittelbar am Westrand der Stadt erstreckt sich über rund 7,5 km² der riesige Cirencester-Park, in dessen Mitte ein repräsentatives Herrenhaus steht. Der erste Earl of Bathurst ließ es zwischen 1714 und 1718 erbauen. Der Park ist für Besucher freigegeben – wie ein Schild am Ein-gang vermerkt: »You are welcome on foot and on horse-back by permission of the Earl Bathurst. Dogs, cars, cycles or unaccompanied children are not allowed. Take your lit-ter home.« Der Dichter Alexander Pope übrigens beriet den Earl bei der Anlage des Parkgartens, als Dank dafür durfte er in Abwesenheit des Adligen öfter hier wohnen und konnte in dem prachtvollen Gemäuer seine Freunde empfangen, so etwa Jonathan Swift, den Autor von *Gullivers Reisen*.

→ Tourist Information: Cirencester, Corn Hall, Market Place, Tel. 01285-654180

Ungefähr 4,5 km südwestlich von Cirencester liegt direkt an der A 433 der Pub The Thames Head und wirbt mit »Traditional Ales« und »Fine Food«. Von hier führt ein kurzer Fußweg von ca. 750 m zur Quelle der Themse in den Trewbury Meadows. Der Wirt erklärt dem Besucher den Pfad dorthin mit stoischer Gelassenheit, denn das macht er in den Sommermonaten mehrmals täglich. Der Weg lohnt sich allerdings nur für enthusiastische Fluß-Fans, die Quelle der Themse ist nämlich mehr als enttäuschend – außer einer feuchten Senke gibt es nichts zu sehen. Schon H. G. Wells, der Erfinder der *Zeitmaschine*, läßt einen seiner Protagonisten fragen: »Ist dieser kleine feuchte Graben wirklich die historische Themse?« In trockenen Sommern kann es passieren, daß nicht einmal ein Rinnsal die Mulde befeuchtet. Ein granitener Stein immerhin informiert unzweideutig darüber, wo man sich befindet: »The Conservators of the river Thames 1857-1874 – This stone was placed here to mark the source of the river Thames«. Die Inschrift wäre weitgehend unlesbar, wenn sich in den Buchstabenkerben nicht Moose festgesetzt hätten. Ursprünglich einmal befand sich hier eine Skulptur des bärtigen Neptun, der locker ausgestreckt wie ein Römer beim Festmahl dalag. Kurz nachdem die Plastik vom Old Father Thames 1958 aufgestellt worden war, verheer-

Old Father Thames am St. John's Lock bei Lechlade

ten Vandalen die Statue, vielleicht aus Enttäuschung über den unspektakulären Anblick der Themse-Quelle. Der alte Vater Themse fand daraufhin einen neuen Standort am St. John's Lock nahe Lechlade. Das Wirtshausschild vom Thames Head zeigt immerhin sein Abbild.

In den Trewbury Meadows übrigens fochten die Römer eine Schlacht gegen die keltischen Bewohner, die sich in der nahe gelegenen Trewbury-Befestigung gesammelt hatten.

Von der Quelle bis kurz hinter Oxford heißt die Themse »Isis«. Das ist eine verballhornte Kürzung der lateinischen Flußbezeichnung »Thamesis«.

Wer den Themse-Ursprung und den Pub The Thames Head besucht hat, sollte nun ca. 2 km in Richtung Cirencester zurückfahren. Von der A 433 zweigt nach links eine Straße zum Weiler Coates ab (ausgeschildert mit »Canal Tunnel & Inn«). Im Dörfchen angekommen, finden wir den gleichen Hinweis noch einmal, und so gelangen wir zum Tunnel House Inn. Vor über 200 Jahren zechten in dieser Kneipe die Flußschiffer und warteten darauf, mit ihren Kähnen in den Sapperton-Tunnel einfahren zu können. Seinen Namen hat der unterirdische Durchstich vom gleichnamigen Örtchen bekommen, das 3,5 km nördlich vom Tunnel House Inn liegt und den nördlichen Eingang in die Unterwelt markiert. Hier begannen vor 220 Jahren die Arbeiten an der Röhre.

Nahe beim Tunnel House Inn kann man einen Teil des restaurierten Kanals und den Eingang des Tunnels besichtigen.

Vom Dörfchen Lechlade aus, dem ersten Ort, ab dem die Themse schiffbar ist, war der River Severn nur durch die Hügellandschaft der Cotswolds getrennt. Und an der Mündung des Severn lag Bristol, im 17. und 18. Jahrhundert nach London der wichtigste Überseehafen Großbritanniens.

Es mußte doch möglich sein, beide Flüsse durch einen Kanal zu verbinden und damit eine durchgängige Wasserstraße von London bis nach Bristol zu bekommen! Schon seit dem 16. Jahrhundert machten sich die Ingenieure Gedanken über eine Verbindung zwischen den beiden Flüssen, und am 17. April 1783 schließlich wurde das Projekt von den Autoritäten beschlossen, die Arbeiten begannen ein Jahr später. Doch wie sollte man die Hügel der Cotswolds überwinden? Den Kanal durch Schleusenstufen und über Brücken zu führen hätte enorme Kosten verursacht, und so entschloß man sich, die Bergrücken einfach zu durchstechen. Minenarbeiter wühlten sich bei Kerzenlicht schnurgerade durch den Kalkstein. Mehr als fünf Jahre dauerten die Arbeiten. Am 20. April 1789 fuhr zum ersten Mal ein Boot in den Flußtunnel ein, fast auf den Tag sieben Monate später – am 18. November 1789 – konnte der 3,5 Kilometer lange Durchstich – damals der längste Tunnel der Welt – für den Güterverkehr freigegeben werden. Bis zum Tunneleingang wurden die Boote gezogen. Im Tunnel sorgten zwei oder drei Männer, die mit dem Rücken auf dem Bootsdach lagen, für Fahrt, indem sie sich sich mit den Füßen von der Tunneldecke abstießen.

Der Schriftsteller Cecil Scott Forester (1899-1966) läßt seinen Helden Horatio Hornblower den Tunnel auf dem Expreß-Boot Queen Charlotte durchqueren: »Auch Hornblower eilte daher zum Steuerbordausleger und legte sich darauf, als der Bug gerade in den düsteren Schatten des Tunnels glitt. Er lag auf der rechten Seite, den Kopf binnenbords und merkte sofort, daß seine Sohlen an der Ziegelmauer des Tunnels Halt fanden. Jetzt galt es nur noch fest anzudrücken, dann konnte man das Schiff durch einfaches Rückwärtsschreiten langsam und stetig voranschieben. [...] Zwei Meilen lang war dieser Tunnel, der durch die massiven Felsen der Cotswolds Hills führte! [...] Immer tiefer gelangten sie in den Tunnel hinein, immer tiefer wurde auch die Dunkelheit, die sie umfing. Zuletzt herrschte ringsum schwärzeste, undurchdringliche Finsterheit, in der das Auge auch bei größter Anstrengung nichts, aber auch rein gar nichts mehr wahrnahm. [...] Schon nach wenigen Minuten kam [Hornblower] zu Bewußtsein, wie hart er auf dieser Plattform lag, und bald begannen auch seine Beine gegen die Anstrengung zu rebellieren. [...] So fuhren sie weiter durch die Nacht, die sie umgab, wie Gefangene in einem magischen Alptraum, schwebend in schwarzer Finsternis und lautloser Stille, da die geringe Fahrt der Queen Charlotte nicht einmal ausreichte, das Wasser vor dem Bug zu kräuseln. [...] In der Ferne hörte man jetzt ein leises Geräusch. [...] Allmählich nahm es an Lautstärke zu, bis es zu einem starken Rauschen angeschwollen war. [...] Gleich darauf hatte der Schiffer schon eine Persenning über beide gebreitet, die sie, abgesehen von den unter den Rändern herausragenden Beinen, vollständig bedeckte. ›Jetzt geht's los‹, bemerkte der Schiffer. [...] Eine unterirdische Quelle brach hier durch die Decke des Tunnels und ergoß sich rauschend in den Kanal. Das Wasser sauste in betäubenden Sturzbächen auf sie herab, es donnerte auf die Dächer der Kajüten und übertönte sogar das Gekreisch der Frauen unter Deck. [...] Im Schneckentempo krochen sie unter dem [Sturzbach] hindurch, und dann zog der Schiffer die Persenning weg. [Hornblowers] Augen hatten sich längst an die Dunkelheit gewöhnt, und mitten in dieser fast greifbaren Finsternis leuchtet jetzt unendlich fern und noch kaum sandkorngroß ein heller Punkt: die andere Mündung des Tunnels! Nun hörte der blanke Fels auf und die Wände bestanden wieder aus Ziegeln. ›Schluß!‹ rief der Schiffer erlöst mit einem letzten kräftigen Stoß.«

Kanal und Tunnel brachten einen überwältigenden wirtschaftlichen Erfolg. Fast der gesamte Güterverkehr verschwand von den schlechten Straßen der Cotswolds. Doch in der Mitte des 19. Jahrhunderts machte die Eisenbahn den Kanalbetreibern ernste Konkurrenz, die Waren wurden nun auf Schienen statt auf der Wasserstraße transportiert. 1911 fuhr zum letzten Mal ein Lastkahn durch den Sapperton-Tunnel, und der Kanal ebenso wie der Durchstich verrotteten. Einige Jahre später stürzten Teile der Decke ein; der Steinschutt blockiert bis heute die unterirdische Wasserstraße. Trotzdem kann man den Sapperton Tunnel besichtigen. Vom schon erwähnten Weiler Coates, einen Steinwurf südwestlich von Cirencester gelegen, verkehren im Winter jeden Sonntag Boote vom Tunnel House Inn in dem unterirdischen Durchstich. Die Tour dauert 35 Minuten. Voraussetzung ist ein ordentlicher Wasserstand; ob der gegeben ist, erfährt der interessierte Besucher unter der Telefonnummer 01285-643440. Seit Jahren werden Spendengelder gesammelt, um dieses frühe technische Meisterwerk britischer Ingenieurskunst umfassend zu restaurieren.

Der Tunnel House Inn wurde in den 1780er Jahren gebaut, zunächst, um den Arbeitern Unterkunft und Verpflegung zu bieten, nach der Fertigstellung der Röhre dann diente er den Treidelmannschaften. In den fünfziger Jahren des vergangenen Jahrhunderts brannte die Kneipe aus, wurde jedoch originalgetreu wieder aufgebaut. Wanderer dürfen an der Kneipe ihre Zelte aufschlagen. Am 21. Juni 2004 feierte der britische Thronfolger Prinz William hier seinen 22. Geburtstag.

Die Kanäle im 18. Jahrhundert waren eng, die Boote, die hier fuhren, entsprechend lang und schmal; sie wurden »Narrow Boats« genannt. Viele Hunderte, wenn nicht Tausende gibt es davon noch, aber mittlerweile haben sie Aufbauten bekommen, sind wohnlich eingerichtet und mit einem Dieselmotor versehen. Viele Rentnerehepaare, aber auch jugendliche »Aussteiger« befahren mit ihren Narrow Boats – die sie billig gekauft und in Eigenarbeit liebevoll restauriert haben – das ganze Jahr über die englischen Flüsse und Kanäle.

Heute ist die Themse erst ab Lechlade schiffbar, doch sollte man zwischen der Quelle und diesem Ort durchaus einige Stopps einlegen, um sich langsam mit dem Fluß vertraut zu machen. So lohnt das Dörfchen Cricklade einen ersten Besuch. Es ist von Cirencester aus über die A 419 schnell erreicht. Kurz vorher lockt etwas abseits der Straße, zwischen Cricklade und Ashton Keynes, der westliche und größere Teil des Cotswold Water Park (bei Lechlade befindet sich der kleinere Teil, genannt Cotswold Water Park East, www.waterpark.org), auf dessen 60 km² großem Areal es rund 133 Seen gibt, die durch die Kiesförderung entstanden sind. Große Teile des Gebietes stehen unter Naturschutz, und zahlreiche Vogelarten vom Diamantvogel bis zum Reiher, seltene Insekten und Wassertiere wie Otter und Nerz haben hier ein Refugium gefunden.

Cricklade, auf halbem Wege zwischen Cirencester und Swindon gelegen, ist die nördlichste Stadt der Grafschaft Wiltshire und ein uraltes Örtchen. Charles Dickens jr. (Sohn des großen viktorianischen Schriftstellers) bemerkt in seinem *Dictionary of the River Thames 1887*, daß Cricklade in jenen Tagen 2000 Einwohner zählte und ein »zurückgebliebener und ziemlich pittoresker Ort am Zusammenfluß der Ströme Themse und Churn ist; hier erscheint die Themse zum erstenmal als annähernd schiffbarer Strom. Es ist eine angenehme kleine Stadt, sauber und mit Bürgersteigen wohlversehen, dennoch ohne bemerkenswerte Attraktionen«.

Schon die Römer hatten hier am rechten Themse-Ufer eine Garnison stationiert, die den von Südosten gen Nordwesten bis nach Gloucester verlaufenden Ermin Way sicherten, und sie waren es auch, die einen Damm bauten, auf dem die Legionäre trockenen Fußes die Überschwemmungswiesen der Themse überqueren konnten. Im Jahr 890 ließ der sächsische König Alfred der Große auf den römischen Fundamenten eine befestigte Stadt anlegen, um sein Königreich Wessex vor dem Einfall der Dänen zu schützen. Cricklade markierte in jenen frühen Jahren auch einen Grenzpunkt zwischen den sächsischen Königreichen Mercia und Wessex. Doch der Ort war wohl nicht so gut geschützt, wie Alfred es sich gewünscht hatte, denn 1015 fielen die Dänen marodierend und plündernd in Cricklade ein.

Im 12. Jahrhundert – genauer gesagt 1155 – bekamen die Bürger von Cricklade von Heinrich II. Kurzmantel (reg. 1154-89) eine bedeutende Vergünstigung zum Dank dafür, daß seine Mutter Matilda in der Stadt Schutz vor feindlichen Truppen gefunden hatte. Der Freibrief lautete: »Alle Bürger von Cricklade sind von der Maut und der Wegegebühr und allen anderen Abgaben in meinem Königreich befreit, wohin sie und ihre Waren auch gehen. Ich verbiete bei Strafe von 10 Pfund jedem, sie oder ihren Besitz zu behelligen.« Bis zu Jakob I. (reg. 1603-25) wurde dieses Recht immer wieder neu verbrieft.

Cricklades zwei Diözesankirchen – St. Mary's und St. Sampson's – wurden von den Normannen neu errichtet. Die Hauptarbeiten an letzterer fanden zwischen 1240 und 1280 statt, und bis heute ist der mächtige Vierungsturm, auf dessen Stumpf an allen vier Ecken kleine runde Türmchen aufragen, eine weithin sichtbare Landmarkierung. Es heißt, daß dieser Turm vom Duke of Northumberland 1553 errichtet wurde. Und mit diesem Namen tauchen wir ein in eine der vielen Hofintrigen der englischen Geschichte. Besagter Duke war der Schwiegervater von Lady Jane Grey – eine Großnichte von Heinrich VIII. –, die für neun Tage die Gegenregentin der »Blutigen Maria« war, der ältesten Tochter von Heinrich VIII. Heinrichs Nachfolger, Eduard VI., hatte drei Wochen vor seinem Tod Lady Jane als seine zukünftige Königin nominiert, die sich am 10. Juli 1553 in London als Herrscherin ausrufen ließ. Neun Tage später forderte Heinrichs älteste Tochter Maria öffentlich die Krone und hatte genügend Hausmacht, um Jane Grey, ihren Mann und dessen Vater in den Tower von London werfen zu lassen. Als erster wurde am 22. August 1553 Janes Schwiegervater, der Duke of Northumberland, auf dem Schafott hingerichtet, sechs Monate später, am 12. Februar 1554, fanden die erst siebzehnjährige Jane Grey und ihr Mann, Lord Guildford Dudley, den Tod durch den Henker. Im Tower von London findet sich im Beauchamp-Tower die Inschrift »IANE«, die Lord Dudley dort in Seelenqualen und in Sorge um seine Frau in die Wand geritzt hat.

Zwischen 1275 und 1885 schickten die Bürger von Cricklade und der umgebenden Weiler zwei Abgeordnete in das Londoner Parlament. Doch damit war Schluß, als die Gemeinden der Korruption bei den Parlamentswahlen überführt wurden.

Direkt am Themse-Pfad und am südlichen Ende der Brücke von Cricklade liegt der Pub Red Lion, der mit einer breiten Palette an Bar Meals zur Rast einlädt.

Am nördlichen Stadtrand von Cricklade erstreckt sich die 40 Hektar große North Meadow, die seit 1973 Natur-

schutzgebiet ist. Diese mittelalterlichen Überflutungswiesen liegen zwischen der Themse und dem Fluß Churn und sind bei britischen Botanikern dafür bekannt, daß hier noch die Schachbrettblume (Frittillaria meleagris) gedeiht. Daß man diese vom Aussterben bedrohte Pflanze seit Jahrhunderten in der North Meadow findet, liegt an dem hier bis heute praktizierten mittelalterlichen Landbewirtschaftungssystem. Die Wiese ist ein sogenanntes Lammas Land, eine saisonal genutzte Allmende, deren Gemeinschaftsrecht am Lammas Day endet. Vom 12. August bis zum 12. Februar können alle Bewohner der Umgebung die Wiese gemeinschaftlich als Weidegrund für ihr Vieh nutzen. Im Frühjahr und Sommer dürfen aber nur die Besitzer die Feldfrüchte ernten. Auch heute noch wird selbstverständlich kein Kunstdünger verwendet. Über die Einhaltung der Regeln wacht ein Schiedsgericht, dem ein Hayward unterstellt ist. Dieser kontrolliert die Weidezeit und erhebt bei Ordnungswidrigkeiten eine Schadensersatzgebühr. Rund um das große Areal findet man viele Steinsetzungen, manche mit Initialen, die die Grenze markieren und die einstigen Besitzer ausweisen. – Über all dieses und noch vieles mehr informiert das kleine Cricklade Museum, das im Ortszentrum in einer ehemaligen Baptistenkapelle untergebracht ist.
Einen Steinwurf nordöstlich von Cricklade liegt der Themse-Weiler Castle Eaton am rechten Ufer, er ist nur über ein unklassifiziertes Sträßchen erreichbar. Der Ort wurde kurz nach der normannischen Invasion von den neuen Herren gegründet und sogleich mit einer starken Festung versehen. Von der ist nichts mehr erhalten, sieht man einmal von den beiden Toren – eins verziert mit Drachenmotiven – ab, die sich heute in der kleinen Kirche St. Mary's befinden. Dickens notierte 1887 eine Einwohnerzahl von 350 – sie hat sich bis heute nicht wesentlich verändert –, erwähnt

mit leichter Erregung den schönen alten Glockenturm des örtlichen Gotteshauses und bemerkt freudig, daß hier die Themse an Volumen und Breite deutlich zugenommen hat. Davon kann man sich im Biergarten des Red Lion genannten Pubs überzeugen, an dem der Strom leicht murmelnd vorbeifließt. Die Kneipe stammt aus dem 18. Jahrhundert und wird von Themse-Wanderern, Radfahrern und Kanuten gern besucht.

Inglesham, der letzte Weiler auf dem Weg nach Lechlade, liegt auf einer kleinen Halbinsel im Strom und wurde im Jahr 950 erstmals urkundlich erwähnt. Nicht sicher sind die Historiker, worauf sich der Name des Örtchens bezieht. Es könnte auf »die Flußwiese des Mannes Ingen« zurückgehen, aber auch auf König Ine, der 688 Herrscher über das Reich Wessex wurde und 37 Jahre lang regierte. Möglich ist auch, daß für die Namensgebung sein Bruder Ingeld verantwortlich zeichnete. Die Geschwister legten die Wurzeln ihrer Genealogie laut einer sächsischen Chronik von 855 zurück bis in biblische Zeiten und reklamierten als Vorfahren Noah, Methusalem, Kain und Adam.

In mittelalterlichen Zeiten war Inglesham ein florierendes Städtchen, dessen Bewohner durch den Cotswolder Wollhandel zu beträchtlichem Wohlstand kamen. In jüngeren Tagen sorgte der Warenverkehr auf dem Thames and Severn Canal für geschäftiges Treiben, lag doch der Ort auf halbem Wege zwischen London und Bristol. Die künstliche Wasserstraße, die heute auf einem Teilstück beim Weiler restauriert ist, trifft bei der Ortsschleuse auf die Themse. Hier befindet sich am nördlichen Ufer das pittoreske Round House, in dem der letzte Schleusenwärter von Inglesham sein Quartier hatte. Durch die Eisenbahn verlor der Kanal seine Bedeutung, und mit dem Örtchen ging es rapide bergab. 1831 zählte der Weiler 133 Einwohner, 1951 waren es 141, und 2005 hat sich diese Zahl nur unwesentlich erhöht.

Erwähnenswert ist die Kirche von Inglesham – St. John the Baptist –, die das 13. Jahrhundert so exakt widerspiegelt, daß man sich gut vorstellen kann, wie unsere Vorfahren vor 700 Jahren hier zum Herrn beteten. 1205 machte der verhaßte König Johann Ohneland (reg. 1199-1216) das Gotteshaus den Mönchen von Beaulieu zum Geschenk. Den authentischen Charakter haben wir William Morris und seiner »Society for the Protection of Ancient Buildings« zu verdanken. Morris, der im nahe gelegenen Kelmscot lebte, agitierte verbissen gegen die viktorianischen Architekten, die alles Alte im Zeitgeschmack erneuern wollten. 1888/89 restaurierte Morris das Gotteshaus originalgetreu. Es war der erste Erfolg seiner Gesellschaft. Von Morris, dem Begründer des Arts and Craft Movement, wird später noch ausführlich zu sprechen sein.

→ Corinium Museum, Cirencester, Park Street, Mo.-Sa. 10-17 Uhr, So. 14-17 Uhr;
The Thames Head, A 433 Cirencester – Tetbury,
Tel. 01739-770259
Informationen zur Einfahrt in den Sapperton Tunnel unter
Tel. 01285-643440
Cricklade Museum, Cricklade, April-November, Mi. 14-16 Uhr, So. 10-12 Uhr

2 Lechlade bis Oxford

Auf dem Themse-Pfad 49,8 km – Lechlade – Capt'n Horatio Hornblower steuert ein Themse-Boot – Percy Bysshe Shelley dichtet – Die Vorzeigefarm Buscot Park – Ein ungeklärter Mord – William Morris und Kelmscott Manor – Sir Walter Scott und noch ein Mord – Lewis Carroll und Alice in Wonderland

Lechlade hat seinen Namen vom Lech bekommen, der bei der Taverne Trout Inn – ca. 1,5 km flußabwärts vom Ortszentrum in Richtung Faringdon – in die Themse fließt; Mündung wie Kneipe liegen neben St. John's Bridge und am St. John's Lock. Diese Schleuse ist die erste von insgesamt 46 entlang der Themse. Hier befindet sich die bereits erwähnte berühmte Statue des Old Father Thames aus viktorianischer Zeit. Dieser Neptun präsentiert sich nicht wie üblich mit einem Dreizack, sondern trägt statt dessen eine Schaufel auf der Schulter. Erstmals wurde die Statue der Öffentlichkeit bei der großen Londoner Weltausstellung von 1857 gezeigt, danach an die Themse-Quelle versetzt. Wie schon erwähnt, verheerten Vandalen den alten Herrn, so daß der Flußgott 1973 in die Sicherheit von Lechlade gebracht wurde.

Die St. John's-Schleuse war in früheren Zeiten schwer zu befahren, davon läßt Cecil Scott Forester seinen Kapitän Horatio Hornblower berichten, der auf seinem Express-Boot von London Richtung Gloucester mit Macht in die Schleuse rauschte: »›Jetzt kommen gleich drei Nadelwehre, über die wir hinuntermüssen‹, sagte Jenkins. Hornblower hatte keine Ahnung, wie so ein Nadelwehr aussah, und hätte doch gern Näheres darüber gewußt, ehe er über ein solches Hindernis hinuntermußte, aber es widerstrebte ihm, dem anderen seine Unwissenheit zu verraten. Vielleicht fühlte Jenkins mit angeborenem Takt dieses Dilemma heraus, jedenfalls gab er gleich von selbst die gewünschte Erklärung. ›Das sind Stauwehre, die quer über den ganzen Fluß reichen, Sir‹, erklärte er Hornblower. ›Um diese Jahreszeit führt der Fluß eine Menge Wasser, da werden einige der Schütze an der Seite des Treidelweges ständig offengehalten. Das Wasser fällt dort fünf bis sechs Fuß.‹ ›Wie, fünf bis sechs Fuß?‹ fragte Hornblower ganz erschrocken. ›Jawohl, Sir, ungefähr soviel. Damit Sie mich richtig verstehen, Sir, ein Wasserfall ist das natürlich nicht, es geht nur etwas steil nach unten. Und da unten ist natürlich ein Wirbel – kann ja gar nicht anders sein. Aber Sie brauchen nur Kurs zu halten.‹ Vor Hornblower lag quer über dem Strom die Linie des Wehrs, an Backbord deutlich sichtbar der Leerschuß, und nur durch diesen Leerschuß jagte das Wasser in einer glatten steilen Masse zu Tal. Alles Treibgut an der Oberfläche strebte eilends darauf zu, der Masse Mensch vergleichbar, die sich nach einer Vorstellung zur einzigen Tür des Saales drängt. Hornblower hielt genau auf die Mitte der Öffnung zu und zitterte dabei vor Aufregung am ganzen Körper. Jetzt spürte er schon die veränderte Trimmlage, wie der Bug sich abwärts senkte und das Heck sich hob. Und dann flogen sie nur so bergab und immer weiter bergab. Nach unten zu verengte sich die glatte grüne Fläche immer mehr und lief zuletzt in eine spitze Zunge aus. Vor ihrem Ende und zu ihren Seiten schäumte die Gischt in wirbelnden Kreisen. Noch hatte er Ruderwirkung genug, um genau die Zungenspitze anzusteuern. Krachend und gischtübersprüht hieb der Bug in die aufgewühlten Wassermassen, schwerfällig holte das Schiff in dem unheimlichen Wirbel über, aber schon im nächsten Augenblick zerrten es die Schleppleinen wieder voran. Noch zwei Sekunden aufmerksamen Steuerns, und der gefährliche Stromwirbel lag hinter ihnen; sie fuhren wieder in glattem, wenn auch schaumgestreiftem Wasser, und Hornblower lachte vor überwältigender Freude laut hinaus.«

Ähnliche Probleme hatten 1815 auf ihrer Themse-Fahrt von Windsor nach Lechlade die Dichter Percy Bysshe Shelley (1792-1822) und Thomas Love Peacock (1785-1866), die mit Shelleys Geliebter und späteren Ehefrau Mary Wollstonecraft Shelley (der Autorin des *Frankenstein*) unterwegs waren. Die drei wollten eigentlich weiter bis nach Cricklade, kehrten aber dann im New Inn in Lechlade ein und übernachteten dort. Der New Inn ist mehr als 400 Jahre alt und nach wie vor eine Wirtschaft mit Gästezimmern. Der Rasen fällt sanft zum Flußufer ab. Da kann man mit einem Glas Bitter zum Strom hinuntergehen, sich auf den Rasen setzen und dem murmelnden Fluß lauschen.

Bevor Shelley sich im New Inn zur Nachtruhe begab, machte er einen Abendspaziergang und besuchte den neben dem Gasthaus liegenden Kirchhof der 1474 fertiggestellten St. Lawrence Church, deren hoher Glockenturm weithin sichtbar ist. Seine *Stanzas in a Summer Evening Churchyard* entstanden kurz darauf. Eine Plakette an der Friedhofsmauer – angebracht 1968 – gibt eine Zeile wieder: »Here could I hope that death did hide from human side – sweet secrets. Lechlade 1815.« Shelley beschrieb den hochaufragenden Kirchturm der St. Lawrence Church als einen »luftigen Pfahl«, dessen Spitzen daherkommen »wie Pyramiden aus Feuer«.

Lechlades Wahrzeichen ist die 1792 im Ortszentrum errichtete steinerne Halfpenny Bridge, die mit einem Wehrturm ausgestattet ist und ihren Namen von der einstigen Mautgebühr erhalten hat. Sie ersetzte eine Fähre, die hier seit Jahrhunderten über den Strom pendelte. In dem strengen Winter 1962/63 war der Fluß rund um die Halfpenny Bridge zugefroren, und für einige Zeit konnte man die Themse gefahrlos auf dem Eis überqueren. Ein Stückchen flußabwärts finden wir direkt am Strom noch einen Geschützbunker aus Beton, der 1940 mit vielen anderen errichtet wurde, um die Themse zu befestigen und den Vormarsch der Deutschen zu erschweren.

Dickens beschreibt Lechlade in seinem *Dictionary of the River Thames 1887* als netten Ort mit 1300 Einwohnern, in dem an jedem letzten Dienstag im Monat ein Viehmarkt stattfinde, doch dessenungeachtet spricht er der Stadt jede Bedeutung ab. Und das, obwohl der Strom ab hier schiffbar ist und der Themse-und-Severn-Kanal nahebei beginnt. Für die Übernachtung empfiehlt auch er den New Inn sowie den Trout Inn. Letzterer – in dem man heute leider nicht mehr übernachten kann – geht zurück auf das 13. Jahrhundert und befindet sich nur einen Steinwurf weit entfernt vom Ortszentrum flußabwärts in Richtung Faringdon; hier kann man zudem beim Cotswold Boat Hire Kabinenboote für eine längere Flußfahrt mieten. Im Trout Inn, dem »Gasthof zur Forelle«, steht natürlich Forelle in verschiedenen Variationen auf der Speisekarte, so etwa Forelle in Sahne-, Forelle in Apfelwein- oder in Ingwerweinsauce. Zweimal wöchentlich spielen im Pub Jazz Bands.

Um 1220 wurde die hölzerne Brücke hier abgerissen und durch eine steinerne ersetzt, die unter dem Namen St. John's Bridge heute noch erhalten ist. In jener Zeit ließ ein gewisser Peter Fitzherbert ein Kloster samt Hospital und ein Armenhaus errichten, die Johannes dem Täufer geweiht waren. Unter Edward IV. wurde die Abtei 1472 aufgelöst, und aus dem Armenhaus wurde ein Gasthof, der den Namen »Ye Synge of St. John Babtist Head« trug, ab 1704 Trout Inn. Bis heute ist der Gasthof im Besitz mittelalterlicher Fischrechte, die einstmals den Brüdern der Abtei verliehen wurden, und kontrolliert die Fischbestände auf einem Teilstück von drei Flußkilometern.

Buscot Lock ist die zweite Schleuse – die kleinste des Flusses –, die man schon nach 2 km Fahrt auf dem Strom erreicht. Hier sollte man dem Manor House von Buscot Park rechts des Stromes einen Besuch abstatten. Die Ländereien grenzen an die Themse, das Herrenhaus steht rund 1,5 km vom Flußufer entfernt. 1557 kaufte ein gewisser William Loveden den Herrensitz, der damals St. Michael's Court genannt wurde. Einer seiner Nachfolger ließ zwischen 1779 und 1783 das derzeitige Haus für die damals gewaltige Summe von £ 20 000 im neoklassizistischen Stil errichten. Interessant wurde es in Buscot Park aber erst, nachdem der australische Tycoon Robert Tertius Campbell das Anwesen samt 1600 Hektar Land kaufte. Campbells ehrgeiziger Plan sah den Aufbau eines Modelldorfes für die Landarbeiter sowie eine hochtechnisierte Landwirtschaft vor. Der Boden wurde kultiviert, ein Bewässerungsnetz gegraben und eine 9 km lange Schmalspurbahn gebaut, mit der die Feldfrüchte eingebracht werden konnten. Die Farmarbeiter bewohnten Häuschen aus Beton, die mit Gaslampen erhellt wurden, und hatten einen nur neunstündigen Arbeitstag. Campbell erfand einen dampfbetriebenen Pflug, der dank ölbefeuerter Beleuchtung auch nachts eingesetzt werden konnte. Auf einer Themse-Insel ließ er eine Destillerie errichten, in der der Zucker der angebauten Rüben zu Alkohol gebrannt wurde. Die Bewohner der Umgebung nennen die Insel noch heute Brandy Island. Buscot Park war im 19. Jahrhundert die fortschrittlichste Farm im gesamten Königreich, doch Campbells grandioses Vorhaben verschlang enorme Summen, ohne gleichermaßen wirtschaftlich zu sein. Völlig bankrott starb er 1897.

Rund 20 Jahre zuvor war es in der Familie zu gehöriger Aufregung gekommen. Campbells älteste Tochter Florence hatte Charles Bravo geheiratet, der kurze Zeit später an einer Antimon-Vergiftung starb. Florence wurde des Mordes angeklagt; ihr Prozeß war eine der großen öffentlichen Attraktionen des viktorianischen Zeitalters. Florence' erster Mann, der ihr die stattliche Summe von £ 40 000 hinterließ, hatte ebenfalls unter verdächtigen Umständen kurz nach der Hochzeit das Zeitliche gesegnet. Außerdem hatte sie zur Zeit des Todes von Bravo ein Verhältnis mit einem anderen Mann. Doch konnte ihr der Mord nie nachgewiesen werden, und sie wurde mangels Beweisen freigesprochen. Zwei Jahre später starb sie alkoholkrank. Der Fall erregte noch Jahrzehnte später die Gemüter. 1956 erschienen darüber das Buch von Yseult Bridges *How Charles Bravo Died* und 1991 *Death at the Priory*. Und selbst Agatha Christie hatte sich durch die Akten gewühlt und nach dem Mörder gesucht.

Aber nicht deshalb sollte man sich Buscot Park ansehen, sondern wegen der herausragenden Kunstsammlung, die von den Earls of Faringdon seit Ende des 19. Jahrhunderts zusammengetragen worden ist. Alle großen europäischen Meister des 17., 18. und 19. Jahrhunderts sind vertreten, darunter Gemälde von Rembrandt, Murillo, Reynolds und Burne-Jones. Erfreulicherweise findet man auch Bilder junger, zeitgenössischer Maler, die der derzeitige Lord Faringdon sammelt. Seit 1956 gehört Buscot Park dem National Trust, und das Anwesen sowie die umgebenden Ländereien werden vom heutigen Lord für den Trust verwaltet. Gartenliebhaber werden sich über den italienischen Wasserpark freuen und über den Walled Garden, dessen schützende Mauern kalte Winde und die Unbilden des Wetters fernhalten.

Auf dem Rückweg kann man sich in dem georgianischen Pub Red Lion stärken. Vom Biergarten hat man einen schönen Blick auf den Fluß.

Kaum zurück auf dem Strom, müssen wir kurze Zeit später – nachdem wir die Eaton Footbridge unterquert haben – schon wieder anlegen, um ein weiteres Kleinod an der oberen Themse zu besuchen: Kelmscott Manor im Örtchen Kelmscot (das Manor House schreibt sich mit doppeltem »t«, der Ort hingegen nur mit einem). 1871 kam der Drucker, Typograph, Schriftsteller und Designer William Morris (1834-96) auf seinem Hausboot – »eine Art geisteskranke Gondel«, wie seine Tochter May die Barke nannte – von London herangefahren, um einen Landsitz zu besichtigen: eben Kelmscott Manor. Morris schrieb an einen Freund: »Ich suchte nach einem Haus für meine Frau und die Kinder, und was denkst Du, was meine Augen erblickten? Kelmscot, ein kleines Dorf, vielleicht zwei Meilen oberhalb der Radcot-Brücke – ein Himmel auf Erden, ein altes, steinernes, elisabethanisches Haus, mit einem wundervollen Garten, der bis nahe an den Fluß hinunterführt, ein Bootshaus, und alles so praktisch.« In Morris' Begleitung befanden sich seine Frau Janey und sein Freund, der präraffaelitische Maler Dante Gabriel Rossetti.

Seinen ersten Eindruck vom Anwesen hat Morris ein Jahr vor seinem Tod in dem Essay *Gossip about an old house on the Upper Thames* so beschrieben: »Man geht durch eine Tür in einer hohen imponierenden Steinmauer, kommt zunächst an einem netten charakteristischen Cottage mit einem Backofen vorüber, dann an einer Scheune mit einem hohen Satteldach. Über einen mit Steinplatten belegten Pfad gelangt man im vorderen Garten zum Portalvorbau, der ein moderner, aber schlichter Anbau aus Holz ist. Von dieser Seite zeigt es sich als ein niedriges dreistöckiges Haus [...], das Dach liebevoll mit den wunderschönen Schieferplatten aus der Gegend gedeckt, die kleineren mehr nach oben zum First, die größeren hin zum Dachvorsprung, und dies zu betrachten gibt einem die Art von Vergnügen, die geordnete Schönheit [...] der Federn eines Vogels zu sehen. [...] Der Garten, eingeteilt durch alte geschnittene Eibenhecken, ist ungekünstelt, sehr ansprechend und sieht tatsächlich so aus, als wäre er ein Teil des Hauses, oder zumindest dessen Kleider, und ich denke, das genau war die Absicht des Gärtners.«

Überhaupt schien Morris der Garten mehr zu interessieren als das Gebäude: »Wir kreuzten die Straße, meine Hand drückte die Klinke einer Tür in der Mauer nieder, und schon standen wir auf einem gepflasterten Pfad, der zu dem alten Haus hinaufführte. Der Garten zwischen der Mauer und dem Anwesen roch nach den Juni-Blumen, und die Blütenkelche der Rosen übertrafen sich gegenseitig, welch herrlicher übergroßer Reichtum, den ein kleiner, wohlbehüteter Garten in seiner Schönheit hervorbringt. Die Amseln sangen ihre lautesten Lieder, die Tauben gurrten auf der Dachkante, die Krähen in den hohen Ulmen gegenüber waren geschwätzig zu den grünen Blättern, und die Mauersegler drehten mit Gezwitscher ihre rasanten Runden um die Giebel.«

Zu dieser Zeit, 1871, waren Morris und Janey seit zwölf Jahren verheiratet, die Töchter Jenny und May zehn und neun Jahre alt; Janey hatte eine Liebesaffäre mit Rossetti. Trennung oder Scheidung war unmöglich, wollte man nicht einen Skandal provozieren, der zu sozialer Ächtung geführt hätte. Eine Wohngemeinschaft in einem Haus tief in der Countryside, weit weg von der sozialen Kontrolle Londons, dem Geschwätz und den Gerüchten, war die Lösung. Im Juni 1871 brachte Morris Janey und die Kinder nach Kelmscott zu Rossetti und verließ das verliebte Paar, indem er nach Island aufbrach. Janey und Rossetti verlebten einen glücklichen Sommer. Ihre Briefe zeigen, daß beide sehr ineinander verliebt gewesen sein müssen. Morris nahm das offensichtlich stoisch hin: »Bitte, liebe Janey, sei glücklich«, schrieb er ihr.

Im Herbst 1872 bekam Rossetti einen Nervenzusammenbruch, litt unter Verfolgungswahn und hörte Stimmen. Er blieb alleine in Kelmscott bis zum Sommer 1874, in dem Janey ihn für einige Wochen besuchte. Dann zog er zurück nach London, und Morris verwehrte ihm den Zutritt zu seinem Haus.

Im nachhinein stellte Rossetti fest, daß das Leben in Kelmscott »unerträglich langweilig« war: »die Countryside tödlich flach, die Flußpfade monoton und das Dorf Kelmscot eine Ansammlung von alten Bienenkörben.«

Kelmscott Manor wurde 1570 aus lokalem Kalkstein erbaut und erhielt rund 100 Jahre später einen weiteren Seitenflügel. Morris schätzte das Haus – sein »irdisches Paradies« – wegen der soliden Handwerksarbeit, weil es unverbaut und nicht verschandelt war und sich harmonisch in das Dörfchen und in die Landschaft einfügte. Es hatte »pittoreske Dachkammern unter den mächtigen Holzbalken, in denen einst in alten Zeiten die Hirten und Landarbeiter schliefen«. All das stimmt, wie man noch heute sehen kann, denn man kann das Haus besichtigen. Nur die Inneneinrichtung stammt nicht aus Morris' Zeit; damals war sie offensichtlich viel unkomfortabler. George Bernard Shaw und William Butler Yeats, die oft vor Ort waren, beschrieben das Haus als »schlecht möbliert, zugig, klamm und spartanisch«. Morris' enger Freund, der präraffaelitische Maler Edward Burne-Jones, fand es derart unbequem, daß er, wenn er überhaupt einmal kam, nie lange blieb, und selbst Janey schrieb in einem Brief über ihre Tage in Kelmscott von einem »halbwilden Leben«. Fünfundzwanzig Jahre verbrachte Morris in Kelmscott, mit Unterbrechungen jedoch; im Winter weilte er nie dort. Auf dem Kirchhof der St. George Church von Kelmscot liegt er zusammen mit seiner Frau Janey und seinen Töchtern Jenny und May begraben. In seinem Roman *News from Nowhere* ist eine Zeichnung von Kelmscott Manor als Frontispiz abgedruckt. Das Haus ist heute im Besitz der Londoner Society of Antiquaries.

Der uralte, windschiefe, angenehme Bruchstein-Pub Plough Inn, der »Gasthof zum Pflug«, hält in Kelmscot Village Speise und Trank für die Reisenden bereit und hat zudem sieben Gästezimmer.

Einige Kilometer hinter Kelmscot durchfahren wir die Grafton-Schleuse und sehen vor uns am nördlichen Themse-Ufer das Dörfchen Radcot mit seiner Cradle Bridge liegen. Diese dreibogige, steinerne Brücke ist die älteste Überspannung der Themse und wurde um 1154 errichtet. Doch schon seit dem Jahr 985 gab es hier eine hölzerne Überspannung. Das gemütliche Swan Hotel direkt am Fluß existiert seit 1873.

Radcot ist schlachtenerprobt. Die Brücke war ein wichtiges strategisches Ziel war. Mehrmals prallten hier Heere aufeinander. 1387 schlug Henry Bolinbrooke (der spätere Heinrich IV.) in Thronstreitigkeiten die königliche Armee, angeführt vom Earl of Oxford. Henry gewann, der Earl suchte sein Heil in der Flucht und ging ins Exil nach Frankreich. Bei den Kämpfen wurde der mittlere Bogen der Brücke beschädigt und mußte erneuert werden. Im Bürgerkrieg 1645 kämpften die königlichen Truppen von Karl I.

Themse bei Newbridge

unter Prinz Rupert gegen die Anhänger des Parlamentes. Und auch schon König Johann Ohneland versuchte sich hier zu Beginn des 13. Jahrhunderts gegen die Unterzeichnung der Magna Charta zu wehren.

Kurz hinter dem Weiler passieren wir die Radcot-Schleuse, fahren unter der Fußgängerbrücke Old Man's Bridge durch und sehen dann einige Kilometer weiter Rushey Lock vor uns. Weiter geht es unter der Tadpole Bridge hindurch. Hier befindet sich auf der rechten Stromseite ein weiterer Pub, der Trout Inn heißt; er hält sechs individuell eingerichtete Gästezimmer für die Themse-Wanderer bereit. Nun kommen wir zur Tenfoot Bridge, ebenfalls eine Fußgängerbrücke. Bis 1869 gab es hier ein Nadelwehr mit einer zehn Fuß breiten Durchfahrt (daher der Name der Brücke); das Wehr wurde mit dem Bau der Brücke abgerissen. Die nächste Schleuse ist die von Shifford, die am östlichen Ende eines künstlichen, baumbestandenen Durchstiches (Cut) liegt. Mit diesem kurzen Kanalstück schaffte man eine Umgehung für den hier stark mäandrierenden Strom. Der tote Flußarm ist nun ein ruhiges, weitgehend zugewachsenes Altwasser (Backwater), das man mit einem Kanu oder Faltboot bis zum Weiler Duxford befahren kann; hier gibt es die einzige noch verbliebene, einst künstlich angelegte Furt der Themse. Shifford Lock wurde 1898 als letzte Schleuse von insgesamt 46 erbaut; sie liegt inmitten der Felder und Wiesen des ländlichen Oxfordshire.

Einige Kilometer weiter erreichen wir Newbridge, wo die gleichnamige Brücke über den Strom führt. Das Wörtchen »neu« führt sie deshalb in ihrem Namen, weil alle anderen Brücken oberhalb von Oxford älteren Datums sind. Die New Bridge wurde um 1250 erbaut, bei ihr mündet der von Norden kommende Windrush in die Themse. Am linken Ufer liegt direkt neben der Flußüberspannung der

Pub Rose Revived, am rechten die Taverne Maybush. Beide erheben den Anspruch, der Ort zu sein, an dem William Morris anlegte, wenn er auf dem Weg von London zu seinem Kelmscott Manor war. Das heutige Gebäude vom Rose Revived stammt aus den 30er Jahren des vergangenen Jahrhunderts, ist aber im Design dem ursprünglichen Original aus dem 16. Jahrhundert nachempfunden. Einst war es wohl eine Mautstation für den Brückenzoll. Oliver Cromwell soll sich hier während des Bürgerkriegs einige Tage zur Erholung aufgehalten haben. Der Wirt versprach ihm rasche Genesung durch sein revitalisierendes Ale. Cromwell nahm eine verblühte Rose, stellte sie in seinen Bierkrug – und siehe da, die Blume ersproß zu neuer Schönheit! Flugs benannte der Wirt den bis dahin The Rose geheißenen Pub in Rose Revived um. Neben einer Vielzahl von Bieren gibt es eine gute Weinkarte und Lunch- sowie Dinner-Gerichte. Rose Revived hat einige Gästezimmer. Sommertags kann man sehr gut draußen sitzen und den Bootsverkehr beobachten, der sich unter den Bogen der Brücke durchschiebt.

Auch der Pub Maybush kann natürlich mit vielen Biersorten, einer Weinliste, Mittags- und Abendkarte aufwarten, hat allerdings keine Übernachtungsmöglichkeiten. Nachdem wir uns in einem der Pubs gestärkt haben, geht es kurze Zeit später unter Hart's Footbridge hindurch auf die Northmoor-Schleuse zu. Dahinter taucht bald Bablockhythe auf, am linken Ufer findet sich eine Anlegestelle. Durch die Furt hier wechselten schon vor 2000 Jahren römische Legionäre das Flußufer. Seit 904 ist eine Fähre urkundlich verbürgt. 1986 stellte sie ihren Dienst ein. Doch der Wirt vom Pub Ferryman Inn hauchte der 962 Jahre alten Tradition wieder Leben ein, und so können Wanderer sich in den Sommermonaten vom Wirt über den Strom setzen lassen. Wer sicher sein will, daß die Fähre auch verfügbar ist, sollte im Pub unter der Nummer 01865-880028 nachfragen. Der Dichter Matthew Arnold schrieb hier 1853 sein berühmtes Gedicht *The Scholar Gipsy*.

Auf einem Wanderweg erreichbar, ca. 1,5 km entfernt in östlicher Richtung, liegt am Fuß der grünen Cumnor Hills der gleichnamige Weiler, ein hübsches Örtchen mit niedrigen Cottages aus grauem Bruchstein und hohen reetgedeckten Häusern, umgeben von blühenden Gärten. Dort spielte sich im 16. Jahrhundert eine blutrünstige Geschichte ab, die Sir Walter Scott in seinen historischen Roman *Kenilworth* (1821) einbettete und die enge Verbindungen zur oben schon erwähnten Hofintrige hat.

Am Fuß der hohen Treppe von Cumnor Place (abgerissen 1811) fand man die Leiche von Amy Robsart, Gemahlin von Robert Dudley, dem Earl of Leicester, mit gebrochenem Genick. Schnell ging das Gerücht um, daß ihr Mann sie die Treppe hinuntergestoßen habe. Eine Untersuchung wurde anberaumt, und eine Zeugin wollte gehört haben, wie Amy laut um Gnade bat, worauf eine männliche Stimme das Urteil »Tod durch Unfall« sprach. Mysteriös!

Besagter Robert Dudley war der Sohn des bei Hofe einflußreichen Duke of Northumberland und wurde als fünftes von zwölf Kindern wahrscheinlich am 24. Juni 1532 geboren. Mit acht Jahren lernte er die spätere Monarchin Elizabeth kennen, beide saßen in der königlichen Schulklasse und wurden zusammen erzogen. Ihre Freundschaft hielt ein Leben lang, und Dudley erzählte immer wieder, daß er Elizabeth so gut wie kein anderer kannte und fügte hinzu, daß sie im Alter von acht Jahren beschlossen hatte, nie zu heiraten. 1550 ehelichte er Amy Robsart, die Tochter eines Adligen aus Norfolk. Das war keine Liebesheirat; doch als fünftes Kind blieb für Robert nichts vom Familienvermögen übrig, und nur durch die Ehe mit einer begüterten Frau ließ sich ein akzeptabler Lebensstil halten. Die Hochzeit fand mit großem Pomp statt, und natürlich war Elizabeth geladen. Drei Jahre später war es mit dem höfischen Leben erst einmal vorbei, denn Roberts Vater, der Duke of Northumberland, hatte sich vehement zugunsten seiner anderen Schwiegertochter, Lady Jane Grey, der Frau von Roberts jüngerem Bruder Guildford, in die Thronstreitigkeiten eingemischt. Wie schon erwähnt, verfügte Maria, die älteste Tochter von Heinrich VIII., über genügend Hausmacht, die ganze Sippe 1553 in den Tower von London werfen zu lassen. Lady Jane Grey, ihr Mann Guildford und ihr Schwiegervater wurden enthauptet. Robert blieb verschont und wurde 1555 aus dem Tower entlassen. Drei Jahre später bestieg Elizabeth den Thron, und Dudley erhielt den einflußreichen Posten Master of the Queen's Horses. Er organisierte ihre öffentlichen Auftritte und hatte regelmäßigen Zugang zur Monarchin. Während der ersten Jahre waren die beiden fast ununterbrochen zusammen, und Gerüchte über eine Liebesbeziehung kursierten, ja, man vermutete Elizabeth sogar schwanger. Die Königin vertraute Dudley, hörte auf seinen Rat und überhäufte ihn mit Geld; er brachte ihr Respekt, Ehrerbietung und ungebrochene Loyalität entgegen. Natürlich war er in Elizabeth verliebt, und bis zu seinem Tod zeigte er ihr gegenüber starke Gefühle. Als man Dudleys Frau Amy am 8. September 1560 tot am Fuße der Treppe von Cumnor Place fand, bezichtigten ihn die Neider des Mordes. Als Motiv wurde vermutet, daß Robert Dudley seine Frau loswerden wollte, um Elizabeth heiraten zu können. Wenn er die Königin nun tatsächlich geehelicht hätte, wäre das Gerücht zur Gewißheit geworden, ja man hätte Elizabeth als Mittäterin gesehen und eine Rebellion gegen sie wäre wohl unausweichlich gewesen. Dennoch hoffte Robert weiter auf eine Ehe mit Elizabeth. Sein letzter Heiratsantrag fand in Kenilworth Castle in Warwickshire statt. Die Königin wies ihn ab. 1578 heiratete er eine Nichte Elizabeth', Lettice Devereux, die Countess of Essex, die zu diesem Zeitpunkt schon schwanger war. Robert hatte noch einen weiteren Sohn aus einem illegitimen Verhältnis mit Lady Sheffield. Interessanterweise ging Lady Sheffield erst nach Dudleys und Elizabeth' Tod vor Gericht, um Titel und Erbe für ihren Sprößling einzuklagen. Sie behauptete, heimlich mit Robert verheiratet gewesen zu sein. Ihre Klage wurde abgelehnt. Robert Dudley starb 1588, und wir wissen, daß Elizabeth sehr um den Freund trauerte. 15 Jahre später, 1603, segnete auch sie das Zeitliche.

Hinter Bablockhythe windet sich der Fluß durch Wiesen- und Marschland, vorbei an kleinen Wäldchen und an dem Trinkwassersee Farmoor Reservoir. Kurz hinter der Schleuse Pinkhill Lock hat am rechten Themse-Ufer die Firma Oxford Cruisers ihre Marina; hier kann man Kabinenboote mieten. Schnell ist von hier aus Swinford Bridge erreicht, die der Earl of Abingdon 1777 erbauen ließ; diese Themse-Überspannung ist mautpflichtig. In früheren Tagen hatte man einen Pence pro Fahrrad zu zahlen, heute wird den Autofahrern der moderate Betrag von fünf Pence abgeknöpft. Ein Zeitgenosse notierte über den Earl: Ein Mann, »dessen Liberalität und kommunaler Geist dafür sorgte, daß er reichlich von diesen Einkünften aus dem Brückenbau an die Gemeinschaft zurückzahlte«.

Die nächste Schleuse ist die von Eynsham. Dahinter gleitet unser Boot nun langsam in das Wunderland von Alice. Die Themse-Region oberhalb von Oxford inspirierte Lewis Carroll bei einer Bootsfahrt im Juli 1868 zu seinem wunderschönen Kinderbuch. Carroll hieß eigentlich Charles

Lutwidge Dodgson und lehrte Mathematik an der Universität Oxford.

Mit von der damaligen Partie waren sein Kollege, Robinson Duckworth, und die drei kleinen Töchter des Dekans Liddell vom Christ Church College. Während der Bootsfahrt begann Lewis Carroll den Mädchen aus dem Stegreif eine Geschichte zu erzählen. Darin kamen vor eine Ente (Duck = Duckworth), ein Dodo (das war Dodgson, also Carroll selbst), eine Lory (= Lorina Liddell, Alice' ältere Schwester), ein Adlerjunges (Eaglet = Edith, Alice' jüngere Schwester) und Alice, die natürlich Alice war. Die Quelle für Carrolls phantastische Erzählungen war Shakespeares *Sommernachtstraum*, und das weiße Kaninchen mit den roten Augen ging auf das Gemälde *Scene of a Midsummer Night's Dream: Titania and Bottom* des Hofmalers Sir Edwin Landseer zurück. »Dieses Kaninchen«, so Carroll, »schickte meine Heldin geradewegs hinein in ein tiefes Kaninchenloch, ohne daß ich wußte, wie es dann weitergehen sollte.« Nun, wir wissen, wie es weiterging! Als sich Carroll an die Niederschrift der Themse-Tour machte, begann er folgendermaßen:

>»Gemach im goldenen Nachmittag
>Gleiten wir leise dahin,
>Da kleine Ärmchen ungeschickt,
>Sich an den Rudern mühn?
>Und wenig achten, ob durchs Naß
>Einen graden Pfad sie ziehn.
>
>Ihr schlimmen drei! Ach, lockt's euch nicht,
>Die Stunde hinzuträumen?
>Erzählen! Wo mein Atem sich
>Fast selber möcht versäumen?

Und doch vor solcher Übermacht
Muß ich das Feld wohl räumen.

Schon ordnet Prima hoheitsvoll
Mir an: doch zu beginnen!
Auch Unsinn, hofft Sekunda drauf,
Kommt doch wohl vor darinnen?
Und Tertia läßt nicht einen Satz
Ohne ›Wieso?‹ verrinnen.

Doch bald wird's still, und alles lauscht,
Wie's mit dem Kinde war,
Das träumend durch ein Land gestreift,
Gar neu und wunderbar,
Und freundlich mit den Tieren sprach –
Am Ende ist es wahr?

So trat das Wunderland gemach
Ans Tageslicht heraus,
Ward Stück für Stück euch vorgestellt:
Nun ist das Märchen aus,
Und fröhlich schaukelt jetzt das Boot
Im Abendlicht nach Haus.«

Daß Carroll auch ein begabter Fotograf war, war jahre-
zehntelang unbekannt – bis 1947 der deutsche Emigrant
und Sammler Helmut Gernsheim bei dem Londoner Anti-
quitätenhändler Francis Edwards in der Marylebone High
Street in einem Papierstapel ein Fotoalbum mit über hundert Aufnahmen von kleinen Mädchen fand. Das Album
war weder mit Dodgson noch Carroll signiert, aber der
Sammler entdeckte eine in purpurfarbener Tinte geschrie-
bene Auflistung aller abgebildeten Kinder. Er eilte ins Ma-

nuscript Department des Britischen Museums und schaute sich dort Briefe von Carroll an: Handschrift und Tinte waren identisch! Gernsheim kaufte das Album für £ 25, machte sich dann auf die Suche nach Carrolls Erben und fand dessen Nichten, fünf unverheiratete Schwestern. Die kopierten ihm alle Stellen aus Charles Lutwidge Dodgsons Tagebüchern, die sich auf Fotografie bezogen. 1949 erschien Gernsheims Buch über den Fotografen Lewis Caroll; der Band war eine literarische Sensation! Carrolls »Lolita-Fotografien« gehören heute – wenn sie denn überhaupt einmal in eine Auktion kommen – zu den teuersten Aufnahmen der Welt.

Daß Dodgson/Carroll sich so für die Liddell-Geschwister interessierte, hatte einen tieferen Grund. Er hatte sich einst in ihre Mutter verliebt, ihr auch einen Heiratsantrag gemacht, war jedoch abgewiesen worden.

Wir passieren nun Kings Lock, unterqueren die Straßenbrücke der A 34 und können kurze Zeit später an der Godstow Bridge des gleichnamigen Ortes am rechten Ufer anlegen. Gegenüber liegt in dem Örtchen Godstow seit dem 17. Jahrhundert ein dritter Pub mit dem Namen Trout Inn.

Am rechten Ufer finden sich die Reste der Godstow Nunnery, einige wenige Ruinen und eine kleine, von Wind und Wetter angenagte Kapelle. Hier lag einmal »Fair Rosamund of Clifford«, die Geliebte von Heinrich II. (reg. 1154-89), begraben.

König Heinrich, »ein Mann von kleiner Statur, fettem Körper und einem guten Ausdruck in der Sprache«, sah Rosamund hier zum erstenmal um die Abtei spazieren. Der König war von ihrem Aussehen »sofort entwaffnet, erklärte seine Leidenschaft und siegte über ihre Ehre«, vermeldete der Volksmund in jenen Tagen lapidar. Kurz entschlossen nahm er sie mit in sein nahe gelegenes Woodstock und verbarg sie für Jahre »in einer Laube, geschützt von einem Irrgarten aus Arkadengängen und sich hinwindenden Mauern«. Der König gab Rosamund in den Schutz seines Ritters Sir Thomas. Den Weg zu ihr fand man nur, wenn man einem dünnen seidenen Faden folgte. Heinrichs Frau Eleonore, rasend vor Eifersucht, tötete Sir Thomas, folgte dem Faden zu dem Versteck und vergiftete die Nebenbuhlerin. Einer anderen Version zufolge hängte der König eine Laterne in ein Fenster des Trout Inn, und Rosamund eilte durch einen unterirdischen Gang zu ihrem Geliebten, sobald sie das Licht sah. Als der auf Kriegszügen war, plazierte Eleonore die Laterne im Fenster, und die Geschichte nahm den bekannten Ausgang. Die Geliebte des Herrschers wurde in der Abtei von Godstow aufgebahrt und beigesetzt, und das, obwohl der fanatische Bischof von Lincoln gefordert hatte, »den Namen der Metze zu tilgen und sie ohne den kirchlichen Segen zu begraben«. Auf Anordnung des Kirchenmannes wurde ihr Leichnam später exhumiert und an unbekannter Stelle erneut beigesetzt, »damit andere Frauen, gewarnt durch ihr Beispiel, so eine unrechte Liebe unterlassen«.

Aus Trotz spukt Fair Rosamund bis heute regelmäßig im Trout Inn. Die Locals nennen sie »The White Lady«. Da sie bei ihrer Erscheinung auf den originalen Bodenplatten des Trout wandelt, diese aber mittlerweile durch andere ersetzt worden sind, ist sie erst vom Knie an aufwärts sichtbar. Die weiße Dame vergnügt sich damit, Gläser und Flaschen vom Tisch zu fegen oder sich hinter einer an der Bar stehenden Person aufzubauen; dabei verströmt sie eisige Luft. Um der Geschichte einen hohen Wahrheitsgehalt zu geben, beeilt sich der Wirt des Pubs zu erklären, daß der Trout keine Klimaanlage hat.

Thomas Love Peacock (1785-1866) hat die Tragödie der Rosamund in seinem Gedicht *The Genius of the Thames* (1810) verarbeitet.

Das heutige Gebäude des Trout Inn stammt aus dem Jahr 1646; das vormalige Haus, während des Bürgerkriegs von den Truppen des Generals Lord Fairfax zerstört, diente ursprünglich als Gästehaus der oben erwähnten Abtei.

Durch Godstow Lock hindurch kommen wir bald zur Medley Footbridge und nähern uns dem Zentrum von Oxford. Es geht unter der Osney Bridge hindurch. Diese Brücke ist mit 2,28 m die niedrigste der gesamten Themse. Wenn man also oberhalb von Oxford einen Kabinenkreuzer anmietet, sollte sichergestellt sein, daß das Boot niedrig genug ist, um die Brücke zu unterqueren.

Der mittlere Bogen der steinernen Vorgängerbrücke stürzte im Dezember 1885 ein und riß einen Mann und zwei Mädchen mit in die Tiefe. Zwei überlebten, die elfjährige Rhoda Miles aber ertrank. Ihr Körper wurde erst drei Jahre später gefunden. Der Neubau der niedrigen Osney Bridge kostete damals die stattliche Summe von £ 1200.

→ New Inn, Lechlade, Tel. 01367-252296
Buscot Park, April-Sept. tgl. 14-18 Uhr
Kelmscott Manor, April-Sept. Mi. 11-13, 14-17 und an jedem dritten Samstag im Monat von 14-17 Uhr.
Plough Inn, Kelmscot, Tel. 01367-253543
Swan Hotel, Radcot, Tel. 01367-810220
Trout Inn, an der Tadpole Bridge, Tel. 01367-870382
Rose Revived, an der New Bridge, Tel. 01865-300221
Ferryman Inn, Bablockhythe, Tel. 01865-880028
Oxford Cruisers, nahe am Pinkhill Lock, Tel. 01865-881698

3 Durch Oxford hindurch

Ein Überblick vom Carfax Tower – Die Colleges – Percy Bysshe Shelley und Bill Clinton in Univ College – Oscar Wilde in Magdalen College – Bodleian Library und Redcliff Camera – Sheldonian Theatre und Sir Christopher Wren – Ashmolean Museum – Bump Races am Head of the River

Wir sind in Oxford! Heinrich I. war es, der zu Beginn des 12. Jahrhunderts den Grundstein für die Universität in diesem Örtchen legte; dafür trägt er bis heute den Beinamen Scholar King. Als wenige Jahre später, 1167, englische Studenten von der Pariser Sorbonne vertrieben wurden, explodierten in dem kleinen Örtchen die Studentenzahlen, und eine ganze Reihe von weiteren Colleges öffneten ihre Pforten. Bischöfe und Könige wetteiferten nun um die Gründung neuer Studienplätze. Schon fast von Anfang an kam es zu Streitigkeiten zwischen dem Magistrat und den leitenden Köpfen der Universität, und bis heute spricht man vom Dauerzwist zwischen Town and Gowns, zwischen der Stadt und den Talarträgern. Das beste Beispiel dafür gibt der Bürgerkrieg im 17. Jahrhundert, der zwischen Königstreuen und den Anhängern des Parlamentes tobte. Während die Universität Karl I. unterstützte, der dafür Oxford zur Hauptstadt Englands erklärte, folgten die Bürger den Forderungen der Parlamentarier.

Da Theologie an allen Colleges lange Zeit einziges, danach aber immer noch wichtigstes Fach blieb, hatten kirchliche Belange jahrhundertelang absoluten Vorrang. So war es den Professoren bis 1877 verboten zu heiraten, und Frauen bekamen erst ab 1920 von einigen wenigen fortschrittlichen Colleges einen akademischen Grad verliehen. Der

Einfluß der Universität auf das öffentliche Leben ganz Großbritanniens schmolz im Laufe der Jahrhunderte völlig dahin; 1950 verlor die Hochschule auch das Recht, zwei Abgeordnete in das Londoner Parlament zu entsenden.

Heutzutage zählt Oxford insgesamt 35 Colleges, von denen viele über die Jahrhunderte recht eigenständige Züge ausgebildet haben. So gelten Wedham und Balliol als linksorientiert, Trinity als außerordentlich konservativ; Christ Church ist traditionell das College der Privatschulabsolventen, Hertford wird von den Abgängern der staatlichen Schulen bevorzugt, im Magdalen studieren die Söhne und Töchter des Hochadels, und St. John schließlich ist das reichste College von allen.

Oxford wird von zwei Flüssen durchzogen, von der Themse und vom Cherwell. Beliebtestes und traditionsreiches Freizeitvergnügen der Studenten ist das sogenannte Punting. In flachen Nachen, den Punts, staken sie wie Gondoliere mit langen Bootshaken (Pole) über die Flüsse. Besucher, die mit ihrer Liebsten derart geruhsame Stunden auf dem Wasser verbringen möchten, sei aber zur Vorsicht geraten; Anfänger machen nämlich keine sehr gute Figur beim Punting, und manch einer ist schon im Wasser gelandet.

Alle Sehenswürdigkeiten in Oxford sind ausgeschildert, und so findet man sich leicht zurecht. Um sich einen ersten Überblick vom Stadtgebiet zu verschaffen, sollte man auf den Carfax Tower steigen. Hier treffen die Hauptachsen von Oxford zusammen: von Osten, vom Magdalen College, kommt die High Street, von Norden Cornmarket, von Süden von der Themse St. Aldate, und Queen Street von Westen.

Spazieren wir die High Street gen Osten, so ist als erstes linker Hand der Eingang zum Covered Market erreicht (Zugänge auch von Cornmarket und Market Street). In den ehemaligen Markhallen aus dem Jahr 1772 haben heute Juweliere, Kunsthandwerksgeschäfte, Galerien und kleine Cafés, aber auch noch Obst-und Gemüsehändler ihre Verkaufsstände. Auf derselben Straßenseite ist nach wenigen Metern Fußweg Oxfords Universitätskirche St. Mary's erreicht. Auch dieser Turm kann bestiegen werden (vom Radcliffe Square aus) und bietet gute Ausblicke über die Stadt. Gegenüber von St. Mary's zweigt von der High Street eine schmale, kopfsteingepflasterte Gasse ab, die Magpie Lane. Sie führt zum Merton College. 1264 öffnete es als drittes College seine Pforten und wurde sehr bedeutend, weil hier erstmalig die bis heute gültige College-Struktur geschaffen wurde: das Zusammenleben von Professoren, Dons genannt, mit ihren Studenten. Besten Eindruck von der mittelalterlichen Architektur hat der Betrachter im Mob Quad (Kurzform für Quadrangular = College-Innenhof). Auf einen Besuch in der wunderschönen mittelalterlichen Bibliothek Merton Library sollte man ebenfalls nicht verzichten, dies ist die älteste noch in Gebrauch befindliche Bibliothek Großbritanniens.

J. R. R Tolkien, der weltberühmte Autor der *Herr der Ringe*, war Professor für englische Literatur in Merton, T. S. Eliot studierte hier einige Zeit.

Zurück in der High Street ist schnell University College erreicht, kurz Univ genannt. Es war das erste College der Stadt. Aus dieser Zeit ist jedoch keine Bausubstanz mehr erhalten. So wie sich Univ uns heute zeigt, stammt es aus dem 17. Jahrhundert. Berühmter Student der Univ war Percy Bysshe Shelley, der allerdings 1811 der Hochschule verwiesen wurde, weil den Autoritäten seine Kampfschrift *The Necessity of Atheism* mißfallen hatte. Wenige Jahre später, als Shelley einer der großen Dichter war, durfte sich das College nicht mit seinem Namen schmücken. Nach seinem Tod im Jahr 1822 wurde im Innenhof des Colleges ein weißes Marmordenkmal errichtet: Der nackte tote Körper des jungen Dichters liegt auf einer Bahre, die von zwei Löwen getragen wird, und die Muse der Dichtkunst beweint seinen Tod.

Der amerikanische Präsident Bill Clinton studierte ebenfalls am Univ.

Das nahe gelegene Queen's College wurde von 1672 bis 1760 errichtet; Nikolas Hawksmoor entwarf einen Großteil der Gebäude, und sein Lehrer, der berühmte Sir Christopher Wren (1632-1723), nahm sich der Kapelle an.

Am Ende der High Street befindet sich am Ufer des Cherwells das Magdalen College (sprich: Maudlin) mit seinem hohen mittelalterlichen Turm. Es wurde 1458 gegründet. Oscar Wilde gehörte von 1874 bis 1878 zu den Studenten. Magdalen ist berühmt für seine bizarren Figurenköpfe entlang der Fassade. Die im Englischen »gargoyles« genannten Gestalten schmücken nicht nur die College-Bauten, sondern auch viele Gebäude und Kirchen in ganz Oxford.

Eine Brücke führt hier über den Cherwell, und auf der anderen Uferseite kann man einen gemütlichen Spaziergang entlang Addison's Walk machen. Im Frühjahr steht alles in voller Blüte, und Rotwild äst hier. Hier erstreckt sich auch der Botanische Garten, der 1621 auf einem ehemaligen jüdischen Friedhof angepflanzt wurde und der älteste im gesamten Königreich ist.

Wir kehren zum Queen's College zurück und setzen unseren Rundgang fort. Nach wenigen Metern stoßen wir auf das New College, das 1379 gegründet wurde und dessen Gebäude im Front Quad im schönsten gotischen Perpendicular erbaut worden sind. Leider jedoch wurde 300 Jahre später, um 1675, ein weiteres Stockwerk aufgesetzt, was den Gesamteindruck beträchtlich schmälert. Von der College-Kapelle sagt man, sie sei die schönste von Oxford. Die Szene von Christi Geburt im westlichen Fenster wurde 1777 von dem berühmten Porträtmaler Sir Joshua Reynolds geschaffen.

Das nahe beim New College gelegene Hertford College besitzt eine der meistfotografierten Sehenswürdigkeiten Oxfords, die Bridge of Sigh aus dem Jahr 1919. Die Seufzerbrücke ist eine Kopie des um 1600 von Antonio Contini erbauten venezianischen Ponte dei Sospiri, und sie verbindet die beiden durch die New College Lane getrennten alten und neuen Gebäude. Südlich schließt sich das All Souls College an; hier studierte u. a. T. E. Lawrence, der später als Lawrence von Arabien berühmt werden sollte.

Vor dem goldgeschmückten Haupteingang von All Souls ragt die kreisrunde Redcliff Camera im Stil der italienischen Renaissance auf. Von 1737 bis 1749 leitete der Architekt James Gibb die Bauarbeiten. John Redcliffe war ein bekannter Modearzt und hinterließ der Universität Geld für eine Bibliothek. Redcliff Camera ist heute der Lesesaal der Bodleian Library, deren Haupteingang sich um die Ecke in der Broad Street befindet. Bodleian, 1602 gegründet, ist die zweitgrößte Bibliothek des Landes und sogenannte Copyright Library; jedes in England gedruckte Buch landet in den Regalen, die, glaubt man den Verlautbarungen der Bibliothek, insgesamt mittlerweile 80 Meilen, also knapp über 120 km lang sind und auf denen mehr als 5 Millionen Bücher stehen. Mehrmals täglich finden während der Sommermonate Führungen statt, die auch einen Besuch in der Duke Humfrey's Library aus dem Jahr 1439 einschließen.

Ebenfalls an der Broad Street imponiert das halbrunde Sheldonian Theatre. Das dem Marcellus-Theater in Rom nachempfundene Gebäude war die erste größere Arbeit

Die Bridge of Sigh des Hertford College

des genialen Architekten Christopher Wren, der 31jährig die Bauarbeiten leitete; dies war eigentlich ein Nebenjob für ihn, denn im Hauptberuf war er zu jener Zeit Professor für Astronomie. Ursprünglich sollte es eine Bühne für universitäre Veranstaltungen aller Art sein, heutzutage dient das Sheldonian fast ausschließlich als Konzerthalle.

Spaziert man die Broad Street Richtung Osten hinunter, so ist nach wenigen Minuten Fußweg auf der linken Straßenseite das Ausstellungsgebäude The Oxford Story erreicht. Hier erfährt der Besucher viel über die Geschichte der Stadt und der Universität. Nur wenige Schritte weiter in der St. Michael's Street informiert The Oxford Union über eine weitere Besonderheit Oxfords: den University Debating Club. Alle führenden Politiker Großbritanniens haben sich hier während ihrer Studentenzeit in der freien Rede geübt und rhetorische Schlachten geschlagen.

Nördlich von der Broad Street befindet sich mit dem Ashmolean Großbritanniens allererstes öffentliches Museum; 1683 bestaunten die Besucher die noch ungewöhnliche Institution. Heute besitzt das Haus Exponate aus ägyptischer, römischer und byzantinischer Zeit, Ausstellungsstücke aus Fernost, Kuriosa wie die Laterne von Guy Fawkes, italienische Malerei, Werke von Cezanne, Renoir, Bonnard und natürlich auch Gemälde britischer Künstler wie etwa der Präraffeliten.

Wer vom Carfax Tower auf der St. Aldates in Richtung Süden spaziert, kommt zum viktorianischen Rathaus und zum Museum of Oxford, das ebenfalls umfassend und interessant die Geschichte der Stadt und der Universität dokumentiert.

Wenige Schritte weiter ragt der gewaltige, monumentale Tom Tower auf. Er markiert den Haupteingang des Christ Church College, das unübersehbar Oxfords größte Universitätsinstitution ist. Der mächtige Torturm geht auf Entwürfe von Christopher Wren zurück. Besuchern ist der Durchgang durch das repräsentative Torhaus verwehrt, sie müssen wenige Meter auf St. Aldgates weiter gehen, dann links in die War Memorial Gardens einbiegen und hier beim Südeingang den Komplex betreten.

Christ Church wurde kurioserweise zweimal gegründet: Das erste Mal 1525 von Kardinal Wolsey, dem Lordkanzler des frauenmordenden Heinrichs VIII. Als Wolsey dann beim König in Ungnade fiel, wollten die College-Autoritäten vorsichtshalber nichts mit ihrem einstigen Stifter zu tun haben, und so kam es 1546 zu einem neuen Gründungsakt, bei dem Heinrich auch der großen Kapelle Kathedralstatus zuerkannte.

In dem prachtvollen Dom des College befindet sich in der Lady Chapel der Schrein der angelsächsischen Prinzessin Frideswide. An der Ostseite der Kapelle hat der präraffaelitische Maler Edward Burne-Jones in einem Kirchenfenster die Lebensstationen der heiliggesprochenen Dame in mehreren Bildfolgen festgehalten. Sie war, so heißt es, die Gründerin eines Klosters, und die romanische Christ Church Chapel war die dazugehörige Abtei-Kirche. Als die fromme Frau hier begraben wurde, wallfahrteten die Pilger zu ihrem Grab, und Oxford wuchs an und wurde immer bedeutender.

Über den Tom Quad, der seinen Namen von dem imposanten Tom Tower bekommen hat und dessen Fassaden bis heute unvollendet sind, und weiter durch den kleineren Peckwater Quad erreicht man den Canterbury Quad und hat von hier aus Zugang zur Christ Church Picture Gallery. Vor allem italienische Malerei vom 15. bis zum 18. Jahrhundert, darunter Werke von Leonardo da Vinci und Michelangelo, sind zu besichtigen.

Über die sich südlich anschließenden Christ Church Meadows, die Flußauen des College, erreicht man sowohl die Themse als auch den River Cherwell; hier kann man an vielen Verleihstellen Punts mieten. Dort, wo die Folly Bridge (von 1825) über den Fluß führt, gibt es den gemütlichen Riverside-Pub Head of the Thames. Hier befand sich früher einmal die Furt, durch die die Ochsen getrieben wurden, woraus sich der Name der Stadt ableitete: »Oxnaforda« wurde in einer angelsächsischen Chronik von 912 erstmalig erwähnt.

Das Flußstück ist von hier bis zur Schleuse von Iffley sehr schmal, zwei Ruderboote können kaum nebeneinander herfahren. Aus dieser Kalamität entstanden die Bump Races, die jedes Jahr Anfang Juni abgehalten werden. Dabei starten die Achter der einzelnen Colleges nacheinander in gewissen Abständen und versuchen, das vor ihnen fahrende Boot einzuholen und zu rammen. Vier Tage dauert diese »Regatta«, und der Sieger darf sich »Head of the River« nennen. Seit 1815 sind die Bumps urkundlich dokumentiert.

Auf dem Weg zurück ins Stadtzentrum können kunstinteressierte Besucher einen Umweg über die Pembroke Street machen und das Oxford Museum of Modern Art (MOMA) besuchen, das regelmäßig Wechselausstellungen zur zeitgenössischen Kunst zeigt (Di.-Sa. 10-18 Uhr, So. 14-18 Uhr).

→ Tourist Information: Oxford Information Centre, 15 Broad Street, Tel. 01865-726871
The Oxford Story, Sommer tgl. 9.30-17 Uhr, Winter 10-16 Uhr
Ashmolean Museum, Di.-Sa. 10-16 Uhr, So. 14-16 Uhr
Museum of Oxford, Di.-Sa. 10-17 Uhr

4 »So vollkommen eine kleine Welt«

Bloomsbury in Garsington – Die Exzentrikerin Lady Ottoline Morrell – Virginia Woolf – D. H. Lawrence und seine »Liebenden Frauen« – Aldous Huxley und seine »Gesellschaft auf dem Lande« – T. S. Eliot – Bertrand Russell – Oper in Garsington

Wer eine Themse-Fahrt in der Zeit von Mitte Juni bis Mitte Juli unternimmt, sollte unbedingt einen Abstecher nach Garsington machen und dort das jährliche Opern-Festival besuchen. Das Örtchen liegt nur einen Steinwurf von Oxford und der Themse entfernt. Am Rand des verschlafenen Nestes ragt auf einer kleinen Anhöhe Garsington Manor auf, ein stattliches Tudor-Anwesen mit einem steilen, schindelgedeckten Dach, den typischen und zahlreichen Kaminrohren und schmalen, hohen Fenstern. Die Ländereien des vormaligen Klosteranwesens fanden bereits im *Domesday Book* Erwähnung, jener Auflistung sämtlicher englischer Ländereien, die Wilhelm der Eroberer kurz nach der siegreichen Schlacht von Hastings (1066) in Auftrag gegeben hatte.

1913 kauften Lady Ottoline Morrell und ihr Mann, der Rechtsanwalt und Parlamentsabgeordnete Philipp Morrell, das alte Herrenhaus und hielten hier für mehr als ein Jahrzehnt ihre berühmten literarischen Salons ab. Lady Ottoline setzte damit eine Tradition fort, die sie bereits in ihrer Londoner Stadtwohnung am Bedford Square, im Viertel Bloomsbury, begonnen hatte. Garsington wollte sie zu einem »Castle of the Spirit« machen. Alle Geistesgrößen jener Tage waren regelmäßig vor Ort, der gesamte Bloomsbury-Kreis, weiterhin D. H. Lawrence, Rebecca West, Henry

James, Aldous Huxley, Bertrand Russell, T. S. Eliot, Siegfried Sassoon, junge Maler, Musiker, Tänzer und Bohemiens der Oxforder Studentenszene.

Lady Ottoline kam aus einem der führenden Adelshäuser Englands und war eine Exzentrikerin. Schon ihr äußeres Erscheinungsbild konnte nur als gewöhnungsbedürftig bezeichnet werden: Sie hatte knallrote toupierte Haare, ein schneeweiß gepudertes Gesicht mit grellrot geschminkten Lippen, pechschwarze Augenbrauen, trug wallende, kunterbunt gemusterte Seidengewänder, schwere Perlenketten, Armreifen und einen überdimensionalen Hut mit wippenden Pfauenfedern, ähnlich einem Wagenrad, auf dem Kopf.

Harry Graf Kessler traf sie 1910 und berichtet in seinem Tagebuch: »Sie ist eine lange, magere, schlanke Frau, nur noch Haut und Sünde wie ein Beardsleyscher Engel, und war eingehüllt in einen faltenreichen purpurrosa Mantel; auf dem Kopf dazu einen schwarzen, gewaltig großen Federhut: Alles offenbar von den ersten Pariser Schneidern und Modistinnen. Aber diese eleganten Engländerinnen sehen in ihren Pariser Kleidern immer aus, als ob sie Theater spielten, schon bei Gainsborough. Doch hat diese eine gewisse ungelenke Grazie im Bewegen ihrer langen Glieder und viel gesellschaftliche Wärme.«

Virginia Woolf, ein häufiger Gast in Garsington, beschrieb sie folgendermaßen: »Sie hat die schlanke, biegsame Gestalt einer lombardischen Pappel« und »einen unsicheren zögernden Schritt auf der Straße wie ein Kakadu mit verletzten Krallen.« An einer anderen Stelle heißt es in ihren Tagebüchern allerdings wenig schmeichelhaft: »Irgendwie fuhren wir an Ottoline vorbei, die grell angemalt war, ausgestellt wie eine protzige Dirne mitten zwischen den Autobussen und Bogenlampen.«

In seinem Roman *Liebende Frauen* hat D. H. Lawrence Lady Ottoline als Hermione Roddice karikiert: »Da kam Hermione Roddice in einem hübschen weißen Spitzenkleid. Ein riesiger seidener Schal mit großen, buntgestickten Blumen schleppte hinter ihr her, ein riesiger ganz schlichter Hut wiegte sich auf ihrem Kopf. Höchst auffallend, erstaunlich, beinahe gespenstisch sah sie aus in dem gewaltigen elfenbeinfarbenen Schal mit den grellen Tupfen, der ihre hohe Gestalt einhüllte und mit den Fransen bis weit auf die Erde herabhing; dazu das schwere Haar, das ihr bis in die Augen fiel, und das lange, bleiche, seltsame Gesicht. ›Kann einem dabei nicht gruselig werden?‹ hörte Gudrun ein paar junge Mädchen hinter ihr tuscheln.«

Während des Ersten Weltkriegs wurde Lady Ottolines Anwesen zum Treffpunkt der Pazifisten. Kriegsdienstverweigerer, allesamt Künstler und Schriftsteller, fanden hier in Garsington ein Refugium. Clive Bell, Ehemann von Virginia Woolfs Schwester Vanessa, war hier vor dem Armeedienst untergetaucht; in den ersten zwei Kriegsjahren arbeiteten vor Ort auch der Maler Duncan Grant und sein Gefährte David »Bunny« Garnett, bevor die beiden zusammen mit Vanessa und ihren beiden kleinen Söhnen Quentin und Julian ins Charleston Farmhaus zogen. Sie alle waren unter der Bedingung von der Armee freigestellt, daß sie in der Landwirtschaft arbeiteten, und dies taten sie auf dem Hof der Morrells – dabei mußten sie sich nicht sonderlich anstrengen. Der Maler Augustus John, ebenfalls regelmäßiger Besucher, schrieb über seine Gastgeberin: »Diese feine Dame war allzeit bereit, für die Kultur, die Freiheit und die Menschen in die Schlacht zu ziehen.« In den Salons und Zimmern von Garsington hingen die Bilder von Duncan Grant, Vanessa Bell und Augustus John, sie alle haben Lady Ottoline mehrfach gemalt. Aber auch die Arbeiten junger, noch unbekannter Künstler zierten die Wände, so etwa Gemälde des jungen Mark Gertler.

»Ottoline war nicht ungezwungen; hoch zugeknöpft in schwarzem Samt, Hut wie ein Sonnenschirm, Satinkragen, Perlen, getönte Augenlider & rotgoldenes Haar«, notierte Virginia Woolf in ihrem Tagebuch über eines der vielen Wochenenden, die sie inmitten der »intellektuellen Unterwelt« – so ihr Mann Leonard im dritten Band seiner Autobiographie – von Garsington verbrachte. Und im Juli 1918 schrieb sie: »Ich bin wie gelähmt von der Aufgabe, ein Wochenende in Garsington zu beschreiben. Ich vermute, wir produzierten miteinander rund eine Million Wörter, hörten uns noch sehr viel mehr an [. . .]. Wir strömten recht glücklich durcheinander & ohne uns ernsthaft zu langweilen, was mehr ist, als man von einem Wochenende verlangen kann.«

Daß Lady Ottoline eine Reihe von Liebhabern unter ihren Gästen hatte, machte den Zirkel in Garsington noch ein wenig pikanter. All dies ist in der englischen Literatur gut dokumentiert. D. H. Lawrence verlegte in *Liebende Frauen* Garsington nur wenig getarnt nach Derbyshire, nahm das Haus und die Gespräche der Geladenen als Vorbild, und Lady Ottoline stand ihm sowohl Modell für seine Heldinnen Hermione Roddice als auch für die frivole Lady Chatterley. Als Philipp Morell Kenntnis von Teilen des Manuskriptes der *Liebenden Frauen* erhielt, drohte er D. H. Lawrence mit einem Verleumdungsprozeß; der strich daraufhin die anstößigsten Szenen und verlegte den Schauplatz von Garsington in einen anderen Landesteil des Inselreiches. Man kann beim besten Willen nicht behaupten, daß es fair oder anständig war, was Lawrence tat; er hatte viele Jahre auf Kosten von Lady Ottoline gelebt, eine solche Karikatur ihrer Gastgeberschaft hatte sie nicht verdient.

Noch schlimmer traf sie das Buch von Aldous Huxley. Auch er ließ sich auf recht unlautere Weise von den Treffen in Garsington inspirieren; sein erster Roman, *Eine Gesellschaft auf dem Lande*, ist eine genaue Beschreibung dessen, was sich vor Ort tat. Lady Ottoline – an der Huxley kein gutes Haar ließ und die er in seinem Werk als Priscilla Wimbush verspottet – war von dem, was sie da lesen mußte, entsetzt: »Und als ich darin eine Schilderung unseres Lebens in Garsington fand, ganz entstellt, lächerlich gemacht und verspottet, war ich entsetzt. Da waren Szenen vom Gutshof mit den Aussprüchen von Farmarbeitern, die in Wirklichkeit so viel Witz und Weisheit verrieten, hier aber flach und künstlich wirkten und um all ihren Humor gebracht worden waren. Auch die langen Gespräche, die Aldous mit Mark Gertler und Bertie Russell geführt hatte, waren in eine andere Tonart übertragen und ins Lächerliche gezogen worden; und jedes Porträt, das in dem Buch vorkam, war auf traurige, grausame Weise entstellt. Ich war bestürzt und hatte dabei das Gefühl, daß ich, indem ich es Aldous ermöglicht hatte, diese Leute zu treffen, irgendwie für seine bösartigen Karikaturen verantwortlich war.« Mehr noch als unter D. H. Lawrence' Verrat litt sie unter der Satire von Huxley, denn »er hatte so lange bei uns gelebt, daß er inzwischen so gut wie zur Familie gehörte, und er wußte sehr wohl, daß es Menschen wie Philipp und mir nicht gleichgültig ist, was ihre Freunde tun«. Jenseits ihres persönlichen Schmerzes prangerte sie auch den politischen Verrat an, dessen Huxley sich nun wahrhaftig schuldig gemacht hatte. »*Eine Gesellschaft auf dem Lande* sorgte für große Aufregung, und alle, denen wir als Pazifisten und Arbeitgeber von Conscientious Objectors (Kriegsdienstverweigerer aus Gewissensgründen) verdächtig waren, klatschten freudig in die Hände und wiesen daraufhin, wie unmoralisch das Leben war, das in Garsington geführt wurde. Huxley muß es doch wissen, sagten sie, er hat schließlich da gelebt. Aber an diese Konsequenzen dachte Huxley nicht.«

Aldous Huxley war schon als 21jähriger Student nach Garsington gekommen und hatte hier Bertrand Russell und D. H. Lawrence, Virginia Woolf und Lytton Strachey, die Dichter T. S. Eliot und Siegfried Sassoon sowie den damaligen Premierminister Herbert Henry Asquith kennengelernt und schließlich ein junges Flüchtlingsmädchen aus Belgien, Maria Nys, die später seine Frau wurde. All diese illustren Gestalten dürften nachhaltigen Einfluß auf sein späteres schriftstellerisches Schaffen ausgeübt haben – der Prinzipalin dieses Kreises, die ihn hier eingeführt hatte, dankte er es nicht.

Huxley versuchte in einem Brief die Wogen zu glätten: »Liebste Ottoline, Ihr Brief hat mich entsetzt. Ich kann nicht verstehen, wie jemand mein kleines Marionettenspiel für die Schilderung eines tatsächlich existierenden Milieus halten kann – das ist es offensichtlich nicht. Mein Fehler war, ich gebe es zu, daß ich einige architektonische Details von Garsington benutzt habe. Ich hätte die Szenen nach China verlegen sollen – niemand hätte dann einen Zweifel daran gehabt, daß es sich um ein Marionettenspiel handelt. Denn letztendlich sind Romancharaktere nichts anderes als Marionetten mit Stimmen, gedacht dazu, Ideen und die Parodie von Ideen zu äußern.« Dazu kann man nur lapidar feststellen, daß diese sogenannten »Marionetten« zur Zeit der Entstehung des Romans lebende Menschen waren, und folgerichtig stufte Lady Ottoline den Entschuldigungsbrief ihres einstigen Dauergastes als »seltsam unaufrichtig«, als »magere und irreführende Verteidigung« ein. Denn die Figuren des Buches waren nun einmal dem Garsington-Zirkel entnommen, und jedem Intellektuellen der damaligen Zeit war klar, daß der Roman ihr Leben vor Ort karikierte. Ottoline vergab die Frechheiten weder Huxley noch Lawrence. Überhaupt äußerte sich im nachhinein kaum einer der Gäste freundlich über Lady Ottoline. Selbst der zurückhaltende Leonard Woolf notierte: »Sie sah noch phantastischer und exzentrischer aus als gewöhnlich; ihr Hut, ihr Haar und die Kleider flogen und flatterten um sie herum; sie wirkte wie ein riesiger Vogel, dessen bunt, aber schlecht gefärbtes Gefieder vollkommen in Unordnung geraten war und nicht mehr zum Körper paßte. Jeder, an dem sie vorbeiging, drehte sich um und starrte sie an, und an einer Stelle, wo die Straße aufgerissen war und Männer in einer Grube arbeiteten, schauten sie zur ihr hinauf, brüllten vor Lachen und pfiffen und grölten hinter ihr her. Sie ging weiter, ohne auch nur im geringsten darauf zu achten oder zu reagieren.«

Virginia Woolf nahm Lady Ottoline zum Vorbild für ihre Mrs. Dalloway, aber sie veränderte das Porträt immerhin so weit, daß es zum Schluß keine Ähnlichkeit mehr mit dem Vorbild hatte.

Der Mathematiker, Philosoph und Literaturnobelpreisträger Bertrand Russell (1872-1970) war ein Leben lang in Ottoline verliebt, wie man seiner dreibändigen Autobiographie entnehmen kann, in der er viele Briefe an die Angebetete veröffentlichte.

Überhaupt ging es in Garsington, gemessen am Moralstandpunkt jener Tage, recht frivol zu. Die Malerin Dora Carrington, Lebensgefährtin des schwulen Lytton Strachey – eine der zentralen Figuren des Bloomsbury-Kreises –, posierte 1917 nackt als lebende Statue vor den Gästen, und die jungen Maler und Schriftsteller waren allesamt hinter der attraktiven jungen Frau her, vor allem Aldous Huxley.

Carrington ging jedoch auf Nachstellungen von Huxley nicht ein, und so hat er sich in *Eine Gesellschaft auf dem Lande* auch ein klein wenig an ihr gerächt, indem er ihr dort den Namen Bracegirdle – Strumpfhalter – gab. In D. H. Lawrence' *Liebende Frauen* erscheint Dora Carrington als Minette Darrington, in Wyndham Lewis' *Die Affen Gottes* taucht sie als Betty Blyth auf, und in Rosamond Lehmanns *Wind in den Straßen* erkennen wir sie als die Malerin und Fotografin Anna Cory.

Nicht nur in ihren schnell hingeworfenen Zeichnungen konnte Carrington ihre Umgebung treffend karikieren, auch mit dem Wort wußte sie umzugehen. Als Clive Bell einmal George Bernard Shaws *Zurück zu Methusalem* in der Zeitung *New Republic* ihrer Ansicht nach ungerecht rezensiert hatte, schrieb sie ihm einen Brief im Stil von Shaw. Clive Bell fiel prompt darauf herein und glaubte ernsthaft, das Schreiben sei vom großen GBS. Als im Juli 1931 die *Week-End Review* Lyttons Stracheys biographische Essays über sechs englische Historiker ankündigte, setzte das Magazin einen Preis von zwei Guineas für denjenigen aus, der einen siebten Essay über den Verfasser in dessen eigenem Stil schreiben könnte. Carrington gewann! Im März 1932 nahm sie sich das Leben, zwei Monate nach dem Tod ihres Lebensgefährten. Dora Carringtons Leben wurde 1995 von Christopher Hampton verfilmt.

Es hat den Anschein, daß Lady Ottoline im Laufe der Jahre die Kontrolle über das verlor, was sie in ihrem Haus entfesselt hatte. »Manchmal hatte ich das Gefühl, daß Garsington ein Theater sei, wo Woche um Woche eine reisende Truppe ankommt und ihre Rollen spielt.«

Das über mehr als ein Jahrzehnt durchgehaltene Engagement und Mäzenatentum für angehende Schriftsteller und Maler brachte die Morrells an den Rand des Bankrotts;

1928 verkauften sie Garsington und zogen zurück nach London. Zehn Jahre später starb Lady Ottoline. Sie wurde in der Kirche von Garsington beigesetzt.

Garsington Manor, so wird der Leser nun enttäuscht, ist leider nicht zu besichtigen – trotzdem aber lohnt sich zu bestimmten Zeiten ein Besuch, und zwar nicht nur wegen der literarischen und künstlerischen Reminiszenzen.

Anfang der achtziger Jahre stand das traditionsreiche Anwesen zum Verkauf. Rosalind und Leonard Ingram erstanden Garsington und ließen den Garten im Stil der 20er Jahre wieder auferstehen, so, wie ihn Lady Ottoline einst angelegt hatte. Der Journalist und Egon-Erwin-Kisch-Preisträger Peter Sager, spezialisiert auf britische Themen, erzählte seinen Lesern vor einigen Jahren, was er bei einem Besuch dort vorfand: »24 quadratische Beete, von niedrigen Buchsbaumhecken eingefaßt, an den vier Ecken eines jeden Karrees eine schlanke irische Eibe, 96 grüne Säulen, dazwischen Blumen in Fülle – Tulpen und Vergißmeinnicht im Frühjahr, im Sommer Rittersporn, lila Malven und weiße Löwenmäulchen, Wicken und Dahlien. Nur Lady Ottolines Zinnien wollten bisher nicht wieder gedeihen.«

1988 fand im Garten ein kleines Konzert statt. Die geladenen Gäste waren begeistert, Musik in einem solch angenehm gestalteten und natürlichen Ambiente zu hören. Ein Jahr später organisierten die Ingrams eine Opernaufführung von Mozarts *Figaros Hochzeit* zugunsten der Oxforder Bodleian Libary und brachten ansehnliche Spendengelder zusammen. Dem kleinen Festival wurde ein solch grandioser Erfolg zuteil, daß seither jeden Sommer Aufführungen in Garsington stattfinden. In den ersten Jahren gab es noch keine Zeltüberspannung, und bei dem einsetzenden ergiebigen englischen Landregen flüchteten Opernbesucher und Akteure in die einstigen Stallungen.

Ab 16 Uhr werden die Besucher in den Garten mit seinem See und den vielen Skulpturen eingelassen, können auf den Wegen flanieren oder »have tea by the great barn or champagne at the croquet lawn«. Die Aufführungen beginnen um 17.45 Uhr. Als Bühne dient die große Steinterrasse an der Ostseite des Hauses. Eine sehr lange Pause zwischen den Akten ermöglicht ein gemütliches Picknick im Garten oder ein stilvolles Dinner in der umgebauten alten Scheune. (»Dinner and picnic hampers must be ordered in advance. In the event of wet weather, a marquee is available for those bringing picnics.« Man sieht, für alles ist gesorgt.)

Der *Daily Telegraph* jubelte über das Festival: »The most elegant of our outdoor opera festivals«, und der *Sunday Telegraph* urteilte begeistert: »Garsington must be taken seriously both for its repertory and for its artistic achievement«.

➜ Anreise: Garsington liegt wenige Kilometer südöstlich von Oxford; von der A 40, die die Stadt ringförmig umgibt, biegt man im Süden der Universitätsmetropole in die B 480 ein und hat von hier aus drei Möglichkeiten, auf unklassifizierten Straßen den Weiler zu erreichen.

Adresse: Garsington Opera Festival, Garsington, Oxford OX44 9DH, Great Britain, Informationen unter Tel. 0044-1865-361636, Fax 361545, im Internet unter www.garsingtonopera.org, Programmhefte sollten schon im Dezember bestellt und Kartenbuchungen ebenfalls früh vorgenommen werden; das Festival findet alljährlich von Mitte Juni bis Mitte Juli statt.

5 Von Oxford nach Abingdon

Auf dem Themse-Pfad 12,3 km – Der Tod des Peter Pan im Sandford Pool – Nuneham House – Alice hinter den Spiegeln – John Ruskin und William Turner in Abingdon

Nachdem Oxfords Folly Bridge unterquert ist – nahebei mündet der Cherwell in die Themse –, gleiten wir langsam aus dem Stadtgebiet von Oxford heraus und passieren Iffley Lock, das in seiner heutigen Form auf das Jahr 1924 zurückgeht. Die Vorgängerschleuse wurde um 1620 erbaut, war die erste richtige Schleuse an der Themse und ersetzte ein Nadelwehr, das für den Schiffsverkehr auf dem Strom nicht ungefährlich war; wir haben ja bei Lechlade bereits gesehen, welche Schwierigkeiten Kapitän Hornblower mit so einem Nadelwehr hatte.

Kurz vor der Schleuse liegt direkt am Flußufer die gemütliche Isis Tavern; hier wird seit 1842 Bier ausgeschenkt.

Beim Weiler Sandford gibt es auf der linken Seite einen Campingplatz, gegenüber, rechts, finden wir einen toten Themsearm, Sandford Pool genannt. Hier trug sich einst ein höchst trauriges Ereignis zu: Beim Baden ertranken zwei junge Männer, einer davon war Michael Llewellyn Davies, ein enger Freund von Sir James Matthew Barrie (1860-1937). Er war dem Schriftsteller Vorbild für Peter Pan, den Jungen, der nicht erwachsen werden wollte. Um den Tod von Michael gab es viele Spekulationen. Da er nicht schwimmen konnte, war es fraglich, ob es sich wirklich um einen Unfall oder nicht doch um Selbstmord handelte.

Über den Sandford Pool schrieb Jerome K. Jerome (1859-1927) in seinem Klassiker *Drei Männer im Boot*: »Der See, den das Stauwasser hinter der Schleuse von Sandford bildet, ist ideal, um sich darin zu ertränken. Die Unterströmung ist unglaublich stark, und wenn man hineingerät, hat man ausgesorgt. Ein Obelisk bezeichnet die Stelle, an der bereits zwei Männer beim Baden ertrunken sind, und die dazugehörigen Stufen werden von jungen Männer gern als Absprungstelle benutzt, wenn sie herausfinden wollen, ob das Schwimmen hier wirklich gefährlich ist.«

Der Obelisk steht an der rechten Flußseite kurz vor Sandford Lock. Vom Fluß aus ist er allerdings nicht zu sehen, da sich die steinerne Nadel am Seitenarm befindet – eben am Sandford Pool –, der mit Bäumen und Sträuchern stark zugewachsen ist.

Unmittelbar an Sandford Lock liegt der Pub King's Arms mit seiner hochgelobten Küche. Vom Biergarten aus kann man sommertags dem geschäftigen Treiben an der Schleuse zuschauen. Die Sandford-Schleuse ist mit einem Pegel von 2,69 m die tiefste des Flusses.

Nachdem wir Sandford Lock hinter uns gelassen haben, sehen wir bald vor uns auf der linken Flußseite Nuneham House durch die Bäume schimmern. Nuneham House, den Park und das gesamte Dörflein auf rund 500 Hektar kaufte 1710 der Lord High Chancellor of England Viscount Harcourt für die damals stattliche Summe von £ 17 000. Seiner Lordschaft hatte der Stammsitz Stanton Harcourt, 30 km stromaufwärts, nicht mehr gefallen. Einige Jahrzehnte später fand der Adlige auch dieses Haus nicht mehr repräsentativ. Also ließ er es abreißen und neu erbauen im damals beliebten palladianischen Stil (der auf den italienischen Renaissance-Architekten Andrea Palladio zurückgeht). Nun störte ihn nur noch der Anblick des alten Dorfes: Er ließ die Häuser zwangsenteignen und abreißen und identische Cottages entlang der damaligen Oxford Street (heute die A 4074) aufbauen. Auch eine neue Kirche wurde errichtet, da Harcourt die alte für sich alleine haben wollte. Diese menschenverachtende Aktion eines reichen und mächtigen Adligen wurde von dem irischstämmigen Autor Oliver Goldsmith (1728-74) in dem Gedicht *The Deserted Village* hart attackiert: »The Man of wealth and pride, / Takes up the space that many poor supplied.« Goldsmith war Zeuge des Abrisses des Dorfes und erzürnt darüber, daß für einen Vergnügungssitz ein ganzes Dorf weichen mußte. Auch der damalige Hofdichter William Whitehead schrieb darüber ein Poem: *The Removal of the Village of Nuneham Courtenay.*

1767 war übrigens Jean-Jacques Rousseau längere Zeit Gast des zweiten Earl of Harcourt, der ein großer Bewunderer des Franzosen war. Viele bekannte Literaten der damaligen Zeit wurden zum Dinner nach Nuneham geladen, so etwa Alexander Pope oder Horace Walpole. Und Königin Viktoria verbrachte dort ihre Flitterwochen mit Albert von Sachsen-Coburg. Heute gehört das Anwesen der Universität Oxford.

Dickens erzählt uns in seinem *Dictionary* eine schauerliche, aber, wie er betont, authentische Geschichte: Lady Harcourt, die Tochter des Viscount, hatte eines Nachts einen Albtraum, in dem sie ihren Vater um vier Uhr nachmittags tot in der Küche liegen sah. Der Traum erschien ihr derart real, daß sie beim Frühstück ihren Vater unter Tränen bat, vorsichtig zu sein. Später ging Harcourt in den Park, um Bäume zu markieren. Lautes Hundegebell erregte plötzlich die Aufmerksamkeit eines Arbeiters – er fand Harcourt kopfüber im Matsch eines Brunnenschachtes. Er hatte das Gleichgewicht verloren, als er seinen in den Brunnen gefallenen Hund retten wollte. Man brachte die Leiche zum Haus und legte sie in die Küche. Es war vier Uhr am Nachmittag!

Etwas südlich von Nuneham House ragt der Carfax Con-

Blick auf Abingdon mit dem Old Anchor Inn

duit Tower aus dem Grün des Parks heraus. Er steht da als Folly, als eine architektonische Verrücktheit, die sich exzentrische Adlige gerne in ihre Parks setzen ließen. Ursprünglich stand der Carfax-Turm an der High Street in Oxford und diente der Wasserversorgung, wurde dann aber überflüssig und behinderte den Kutschverkehr. 1780 wurde der Turm Viscount Harcourt angeboten. Steinerne Meerjungfrauen, Drachen, Einhörner und andere Fabeltiere schmücken ihn.

Nicht nur nördlich von Oxford war Lewis Carroll mit Alice und ihren Schwestern unterwegs, auch zwischen Nuneham und Abingdon unternahmen sie Bootsausflüge. Auf einer dieser Touren dachte sich Carroll die Geschichte *Alice hinter den Spiegeln* aus. Die erwachsene Alice berichtete Jahre später: »Eine unserer beliebtesten Ganztagesexkursionen war es, hinunter nach Nuneham zu rudern und dort im Park zu picknicken, in einer Hütte, die Mr. Harcourt für solche Zwecke erbaut hatte. Uns Kindern kam das Häuschen wie der Palast eines Elfenkönigs vor und das Picknick wie ein Ehrendinner. Nach dem Essen bekamen wir manchmal Geschichten erzählt, die uns ins Elfenland transportierten. Manchmal spazierten wir auch am Nachmittag durch das mehr materielle Elfenland, durch den Wald von Nuneham, bis es Zeit war, an dem langen Sommerabend zurück nach Oxford zu rudern.«

Nachdem wir einige Kilometer weiter die Eisenbahnbrücke unterfahren haben, ist es nicht mehr weit bis Abingdon. Vor dem Ort liegt die Themse-Insel Nags Head, über die die Abingdon Bridge beide Ufer verbindet. Das Abingdon Boat Centre hat auf dem Eiland seinen Sitz und vermietet Kabinenboote. William Turner malte 1806 ein Aquarell von Abingdon Bridge, das heute in der Clore Gallery der Londoner Tate Gallery hängt.

John Ruskin (1819-1900), der führende britische Kunsthistoriker des 19. Jahrhunderts, wohnte mehrere Monate in Abingdon, nachdem er zum Professor an der renommierten Oxforder Slade School of Art ernannt worden war. Am Neujahrstag 1871 kam er in dem 8000-Seelen-Dörfchen an. Täglich fuhr er nach Oxford, um dort in der Bodleian Library zu arbeiten. In Abingdon hatte er im Crown and Thistle Inn in der Bridge Street Quartier genommen, bis er nach einigen Monaten Zimmer im Corpus Christi College bezog. Den Gasthof gibt es noch immer. Die ehemalige Postkutschenstation wurde 1602 erbaut und verfügt heute über 19 Zimmer, das Gallery Restaurant und die Stocks Bar.

Abingdon ist ein hübsches Örtchen, und Ruskins Bezeichnung als »Queen of the Thames« durchaus gerechtfertigt. Jerome notierte: »Abingdon ist eine typische Provinzstadt geringerer Größenordnung; es ist ruhig, äußerst wohlanständig, sauber und todlangweilig. Einst gab es hier ein berühmtes Kloster.«

Am Stadteingang finden sich die immer noch eindrucksvollen Ruinen dieser Abtei. Abingdon Abbey, deren Grundstein 675 gelegt wurde, zählte zu den bedeutendsten Klöstern Europas und war bis zur Säkularisierung durch Heinrich VIII. 1538 in Betrieb.

→ Tourist Information: Abingdon, Bridge Street, Tel. 01235-522711
Abingdon Boat Centre, Abingdon, Tel. 01235-521125
Crown and Thistle Inn, Abingdon, Bridge Street,
Tel. 0870-7522235

6 Von Abingdon nach Wallingford

Auf dem Themse-Pfad 21,7 km – George Orwell – Herbert Henry Asquith – Der Pub Barley Mow – Sir George Gilbert Scott – World Poohsticks Championships – Dorchester – Das Grab von Jerome Klapka Jerome – Heinrich VIII. und seine sechs Ehefrauen – Agatha Christie

Nach kurzer Fahrt von Abingdon stromabwärts macht die Themse eine scharfe Linkskurve, kurz dahinter führt die Cut Footbridge über den Fluß, und dann ist auch schon Culham Lock erreicht, an dem es immer geschäftig zugeht. Dieses Stück Fluß ist angelegt worden, da die Themse hier stark mäandriert. Getrennt durch die ruhigen Nebengewässer der Sutton Pools – dem ursprünglichen Stromverlauf –, liegt nahe am rechten Ufer der Weiler Sutton Courtenay, der durch einen kurzen Fußweg von der schon erwähnten Fußgängerbrücke erreichbar ist. Direkt am Sutton Pool steht »The Wharf«; es war der Wohnsitz des letzten liberalen Premierminister Herbert Henry Asquith, First Earl of Oxford and Asquith. Für den Earl war das idyllische Dörfchen am Strom »the real essence of England«.

Asquith erblickte 1852 in Morley Yorkshire das Licht der Welt, studierte Jura in Oxford und wurde 1886 ins Unterhaus gewählt. Von 1892 bis 1895 war er Innenminister, von 1905 bis 1908 Finanzminister und ab 1908 für acht Jahre Premierminister. In seine Regierungszeit fiel die Einführung der Renten, die Proteste der Suffragetten für das Frauenwahlrecht, die Kriegserklärung an Deutschland, mit der Großbritannien in den Ersten Weltkrieg zog, und die gewaltsame Niederschlagung des irischen Osteraufstandes 1916. In den folgenden Jahren führte Asquith erfolgreich die Liberale Partei, wurde 1925 zum ersten Earl of Oxford and Asquith geadelt und starb 1928 76jährig in seinem Haus in Sutton Courtney.

Begraben ist der Earl auf dem Kirchhof des Weilers. Nahebei befindet sich auch die letzte Ruhestätte von Eric Blair (1903-1950), besser bekannt unter seinem Pseudonym George Orwell, Autor von *1984* und *Farm der Tiere*. Außerdem ist hier auf dem Friedhof Martha Pye begraben, die 1832 im biblischen Alter von 117 Jahren gestorben sein soll.

Schräg gegenüber vom Pub George Inn steht das Courtenay Manor House, das um 1200 gebaut wurde und Stammsitz der Courtenais war. 1161 hatte Heinrich I. dieser Familie die umgebenden Ländereien als Lehen gegeben. Bis zu seinem Tod wohnte in dem stattlichen Gebäude David Astor (1912-2001), der fast drei Jahrzehnte leitender Redakteur und Herausgeber des *Observer* gewesen ist. Ihm ist es zu verdanken, daß George Orwell auf dem Friedhof von Sutton Courtney seine letzte Ruhe gefunden hat: 1942 hatten sich Orwell und Astor kennengelernt und Freundschaft geschlossen. Nach Orwells Tod in London am 21. Januar 1950 fand die kirchliche Trauerfeier in Sutton Courtney statt. Orwell hatte in seinem letzten Willen nur hinterlassen, daß er auf einem Friedhof auf dem Land begraben werden wollte. Astor, der ja in Sutton Courtney wohnte und wußte, wie sehr Orwell von der lieblichen Landschaft im Themsetal angetan war, entschloß sich, seinen Freund auf dem heimischen Kirchhof der All Saints Church beisetzen zu lassen. Als Astor den Ortspfarrer um die Erlaubnis bat, stellte sich heraus, daß dieser ein großer Bewunderer von Orwell war, und so fanden sich die Freunde des Autors zum Abschied im Örtchen ein. Wie von Orwell gewünscht, gibt der Grabstein keinen Hinweis auf seine Tätigkeit als Schriftsteller.

Here lies
Eric Arthur Blair
Born June 26th 1903
Died January 21st 1950

Der Fish Inn ist ein Pub/Restaurant mit zwei Bed & Breakfast-Zimmern. Der Gasthof stammt aus dem 16. Jahrhundert. Nach einem Brand wurde er in seiner heutigen Form 1890 wieder aufgebaut.

Unsere Flußfahrt führt uns nun nach kurzer Zeit unter der Appleford Railway Bridge hindurch, weiter durch den künstlich angelegten Clifton Cut, dessen mäandrierender Seitenarm Weir Stream heißt, nach Clifden Hampton mit seinen bonbonfarbenen Cottages. Ein zeitgenössischer Autor bemerkt über die Häuschen, es seien perfekte Schokoladenkästchen wie auf Postkarten, durch die man Heldinnen von Jane Austen förmlich und geziemt daherschreiten sehe. Das Dörfchen liegt am linken Ufer, die Attraktion aber ist rechts vom Strom der Pub Barley Mow aus dem Jahr 1352, ein nett anzusehendes weißgekalktes, über und über blumengeschmücktes Häuschen mit einem mächtigen Reetdach. Jerome K. Jerome hat ihn wie folgt beschrieben: »Bei Clifton Hampden ist die Landschaft üppig und schön und der Ort selbst ein wunderhübsches Städtchen, altmodisch, friedlich und voller Blumenschmuck. Wenn man hier die Nacht an Land verbringen will, dann gibt es dafür nichts Besseres als das Barley Mow. Dieses Gasthaus ist – und ich glaube nicht, daß ich übertreibe – das märchenhafteste, den alten Zeiten am meisten verhaftete am ganzen Fluß. [...] Seine flachen Giebel, das reetgedeckte Dach und die Sprossenfenster vermitteln den Eindruck, es stamme aus einer alten Sage, und das Innere ist noch es-war-einmaliger: [...] Ein Betrunkener wäre hier nicht gut aufgehoben. Überall lauern hier Fallen in Gestalt von Treppen, die in diesen Raum hoch- und in jenen hinunterführen, und den Weg in sein Zimmer oder in seinem Zimmer sein Bett zu finden dürfte ihm schlechterdings unmöglich sein.«

Der Autor Arthur T. Pask, der seinen *Playful Guide to the Thames* einige Jahre vor Jerome publizierte, bemerkt, daß der Barley Mow wohl jene Besucher zufriedenstelle, die »old-fashioned places« bewundern und dabei nichts dagegen haben, wenn sie sich ihre Köpfe an den niedrigen Decken oder an den Türstürzen stoßen.

Der ursprüngliche Pub brannte 1975 völlig aus, aber er ist originalgetreu wieder aufgebaut worden – inklusive der niedrigen Decken und Türstürze.

Leider befindet sich Barley Mow nicht direkt am Flußufer, und man kann auch nicht mehr dort übernachten. Der auf der anderen Flußseite gelegene Pub Plough Inn verfügt jedoch über elf Gästezimmer. Vom Themse-Pfad biegt man nicht nach rechts auf die Brücke ab, sondern folgt der Straße nach links.

Clifton Hampden Bridge, auf der man den Fluß überqueren muß, um zum Barley Mow zu kommen, wurde 1864 fertiggestellt und geht auf Entwürfe des berühmten Architekten Sir George Gilbert Scott (1811-1878) zurück (der u. a. das neogotische Albert Memorial in London baute). Angeblich hat er den ersten Entwurf der sechsbogigen Brücke auf seiner Hemdmanschette skizziert.

Hinter Clifton Hampden beschreibt der Fluß einen großen Bogen wie ein Hufeisen, an dessen Scheitelpunkt links am Ufer der Weiler Burcot liegt.

Hier, im Haus Burcot Brook, lebte von 1939 bis zu seinem Tod 1967 der Poet Laureate und Schriftsteller John Edward Masefield (* 1878). Nach seinem Tod wurde das Gebäude abgerissen; heute steht das Masefield Leonard Cheshire Home für Behinderte an seinem Platz.

Der Titel Poet Laureate geht auf Zeiten zurück, als sich der englische Hof einen Minnesänger und Verseschmied zur Unterhaltung hielt. Geoffrey Chaucer, Edmund Spenser und Ben Jonson zählten zu den ersten bestallten Hofdichtern, offiziell wurde das Amt allerdings erst 1668 eingeführt, nachdem sich Karl II. John Dryden erwählt hatte. Der Ehrentitel wird auf Lebenszeit vergeben, ist bis heute mit £ 100 und einem Faß Wein dotiert.

Der Poet Laureate wird auf Empfehlung des Premierministers von der Königin ernannt. Dabei läßt sich der Regierungschef von verschiedenen literarischen Organisationen beraten, so etwa dem Arts Council, der Royal Society of Literature und der Poet Society. Schon immer hat es Kritik an dem Amt gegeben, u. a. nach Wordsworth' Tod wurde seine endgültige Abschaffung gefordert. 1913, als die Ernennung von Robert Bridges in den Feuilletons kommentiert wurde, schlug Herbert Beerbohm-Tree scherzhaft vor, daß man das Amt zwar beibehalten, doch mit einem toten Dichter besetzen solle, »um seine Familie zu begünstigen und eine sonst gleichgültige Nachwelt auf die Schönheit seines Werkes aufmerksam zu machen«. Soviel dazu!

Um die Ecke von Burcot Brook lohnt der Pub Chequers einen Besuch.

Rund drei Kilometer Flußfahrt sind es jetzt noch bis zu Day's Lock. Unmittelbar dahinter überspannt die Little Wittenham Footbridge den Fluß. Hier werden jedes Jahr die World Poohsticks Championships abgehalten, die auf A. A. Milnes bekanntes Kinderbuch *The House at Pooh's Corner* (1928) zurückgehen: »Nun spielten eines Tages Pu und Ferkel und Kaninchen und Ruh zusammen Pu-Stöcke. Sie hatten ihre Stöcke ins Wasser geworfen, als Kaninchen ›Los‹ sagte, woraufhin sie alle auf die andere Seite der Brücke rannten, und nun beugten sie sich über den Rand und warteten, wessen Stock als erster hervorkommen würde. Aber das Kommen dauerte seine Zeit, denn der Fluß war an jenem Tag sehr faul, und es schien ihn kaum zu kümmern, ob er überhaupt jemals ankam. ›Ich kann meinen sehen‹, schrie Ruh!«

1983 kam der damalige Schleusenwärter vom Day's Lock auf die Idee, einen solchen »Wettbewerb« zugunsten der Royal National Lifeboat Institution (RNLI) zu veranstalten. Die Engländer nahmen mit großem Vergnügen teil, und seitdem sind die World Poohsticks Championships ein regelmäßiges gesellschaftliches Ereignis in Dorchester. Ursprünglich wurde die Weltmeisterschaft im Januar ausgetragen, doch im eisigen Winter 1997 verlegte man das freundliche Spektakel in den März.

Vor oder hinter Day's Lock übrigens wird aus der »Isis« nun die Themse.

Links am Ufer liegt das hübsche Dörfchen Dorchester mit Fachwerkhäusern, reetgedeckten Cottages und der uralten mächtigen Abteikirche. Der Fluß Thame mündet hier in die Themse. Stilvolle Unterkunft bieten drei alte Herbergen an, das George Hotel (aus dem Jahr 1497), das White Hart Hotel (1690) und der Gasthof Fleur de Lys (1520). Alle drei dienten in früheren Tagen als Postkutschenstationen auf der Strecke von London nach Oxford.

Dorchester ist auf den Fundamenten einer römischen Siedlung mit dem Namen Durocina erbaut. Nach den antiken Invasoren residierte hier ein angelsächsischer Bischof. Mit der normannischen Eroberung fiel der Ort an den Bischof von Lincoln. Das *Domesday Book* von 1086 weist die Lokalität als für ihn sehr lukrativ aus. 1140 wurde ein Augustinerkloster gegründet, das Heinrich VIII. 1536 im Zuge der Abteischließungen auflösen ließ. In Dorchester Abbey and Museum kann man sich über die bewegte Geschichte des Ortes informieren.

Knapp zwei Kilometer sind es nun bis zur Shillingford Bridge, benannt nach dem gleichnamigen Weiler. Hier liegt auf der rechten Flußseite das Shillingford Bridge Hotel, das über 42 Zimmer, ein Restaurant und eine Bar verfügt. Vor der Herberge fällt ein großes, grasiges Areal sanft zum Flußufer ab. Hier können die Gäste im Sommer beim Bier oder Lunch dem Bootsverkehr zuschauen, der sich unter der Shillingford Bridge in beide Richtungen schiebt. Gegen eine Gebühr darf man mit seinem Kabinenkreuzer oder dem Narrow Boat am Kai des Hotels anlegen und übernachten.

Im Weiler auf der anderen Flußseite kann man im Kingfisher Inn ebenfalls gut essen, trinken und übernachten. Seinen Namen hat der Pub von den hier nicht seltenen Eisvögeln bekommen.

Im Sommer 1921 kam der irische Dichter William Butler Yeats mit Frau und Kind nach Shillingford, um den Unruhen in seinem Heimatland zu entgehen. Hier entstanden die Gedichte, die später unter dem Titel *Klage über den Verlust von Freiheit und Hoffnung* erschienen.

Nach kurzer Fahrt ist das Dörfchen Benson am linken Ufer erreicht. Unmittelbar vor Benson Lock kann man anlegen und sollte dann den vier Kilometer langen Spaziergang zum Ort Ewelme machen. Hier auf dem Kirchhof der All Saint's Church hat Jerome K. Jerome seine letzte Ruhestätte gefunden. Die Inschrift auf dem schlichten Grabstein lautet: »In loving remembrance of Jerome Klapka Jerome. Died June 14th 1927. Aged 68 years. For we are labourers together with God.« Jerome lebte in einem Bauernhaus, das rund 2 km südöstlich vom Dorf lag. In einem Gartenpavillon, genannt »The Nook« (Schlupfwinkel), verfaßte er seine humoristischen Bücher. H. G. Wells, John Matthew Barrie, Sir Arthur Conan Doyle, Thomas Hardy und Rudyard Kipling zählten zu seinen Freunden und haben ihn oft hier besucht.

»Die meiste Zeit meines Lebens habe ich in der Nachbarschaft des Flusses gelebt«, schreibt Jerome in seinen Erinnerungen. »Ich danke dem alten Vater Themse für viele glückliche Tage. Meine Frau und ich verbrachten unsere Hochzeitsreise in einem kleinen Boot. Ich kannte den Fluß gut, seine tiefen Becken und die versteckten kleinen Wasserwege, seine ruhigen Nebengewässer, seine verschlafenen Städte und uralten Dörfer.«

Jerome Klapka Jerome wurde am 2. Mai 1859 als jüngstes von vier Kindern in eine arme Familie hineingeboren. Seine Eltern hatten ganz offensichtlich eine Vorliebe für exotische Namen, Jeromes ältere Schwestern hießen Paulina Deodata und Blandina Domicia, ein Bruder wurde Milton Melancton gerufen. Mit 14 Jahren verließ Jerome die Schule und arbeitete als Angestellter für die London and Northwestern Railway. Seine Schwester Blandina weckte sein Interesse für das Theater, und im Alter von 18 wurde er Mitglied einer Schauspielertruppe. In den folgenden Jahren versuchte sich Jerome als Journalist, als Schulmeister und als Angestellter in einer Anwaltskanzlei. 1885 publizierte er sein Theaterstück *On the Stage – and Off – The Brief Career of a Would-Be Actor*, das anschaulich und amüsant das Bühnenleben der viktorianischen Ära schildert. Es folgte eine Sammlung von humoristischen Essays, *The Idle Thouhgts of an Idle Fellow*, die sich recht gut verkaufte. 1888 heiratete Jerome die gleichaltrige Georgina, genannt Ettie. Die Hochzeitsreise machte das junge Paar in einem Boot auf der Themse. Ein Jahr später erschien

Drei Männer im Boot, das ihn weltberühmt machte. Jerome publizierte weitere Bücher, wurde Herausgeber einer Monatszeitschrift und gründete 1893 ein eigenes Wochenmagazin namens *To-day*. 1926 schrieb er seine Autobiographie *My Life and Times*. Im darauffolgenden Jahr starb er an einem Schlaganfall.

In der Kirche von Ewelme ist Alice Chaucer, die Enkelin von Geoffrey Chaucer, in einem Alabastersarkophag beigesetzt. Chaucer besuchte seine Verwandte gerne und oft. Es heißt, daß der Frühling in Ewelme ihn zu den ersten Zeilen seiner *Canterbury Tales* inspirierte: »Wenn milder Regen, den April uns schenkt, / Des Märzens Dürre bis zur Wurzel tränkt / Und badet jede Ader in dem Saft, / So daß die Blume sprießt durch solche Kraft.«

In diesem Ort, übrigens einer der besterhaltenen aus dem 15. Jahrhundert, soll Heinrich VIII. seine Flitterwochen mit seiner fünften Frau, Catherine Howard, verbracht haben. Sie wurde ebenso wegen Hochverrats hingerichtet wie Anne Boleyn, die zweite Gattin des ehefrauenmordenden Königs. Mit ihr war Heinrich angeblich auch vor Ort, sie soll ihn neckend in den King's Pool geschubst haben, der seitdem so heißt.

Doch zurück in die Gegenwart. In Benson kann man eine Rast im Castle Inn (von 1750), im White Hart Pub oder in der Taverne Crown Inn (von 1709) einlegen. Im 18. Jahrhundert war das Örtchen ein äußerst geschäftiger Postkutschenstop auf dem Weg von London nach Oxford, und davon zeugen diese drei ehemaligen Gasthöfe für die Kutschenpassagiere.

Ein guter Kilometer noch, und wir kommen nach Wallingford, das am rechten Flußufer liegt. Gegenüber erstreckt sich der Weiler Crownmarsh Gifford.

1006 wurde Wallingford von dem Heer des dänischen Königs Sweyn zerstört, und 1349 wütete die Pest derart heftig, daß nur 44 Familien überlebten.

Wallingford Bridge stakst auf insgesamt 17 Bogen über die Themse, davon spannen sich sechs über den Fluß und die anderen elf über die breiten Flußauen. Um das Jahr 1800 mußte die Brücke verbreitert werden. Es heißt, daß an dieser Stelle Wilhelm der Eroberer nach der siegreichen Schlacht von Hastings 1066 die Themse auf seinem sechstägigen Marsch nach London überquerte. In jenen Tagen befand sich hier eine Furt, wovon der Name des Städtchens heute noch zeugt. 1071 befahl Wilhelm den Bau einer steinernen Brücke und die Sicherung derselben durch die Errichtung einer Burg. 20 Jahre nach seiner Invasion gab Wilhelm das *Domesday Book* in Auftrag, und darin können wir lesen, daß Wallingford in jenen Tagen eine der größten und reichsten Städte der Umgebung war. Da es nur wenige Möglichkeiten gab, die Themse zu überqueren, konzentrierten sich hier im Bürgerkrieg die Kämpfe der verfeindeten Heere, und die Stadt wurde stark in Mitleidenschaft gezogen.

Im Zentrum des Städtchens befindet sich der Marktplatz, auf dem die Kaufleute seit 900 Jahren jeden Freitag ihren Geschäften nachgehen. Überragt wird der Handelsplatz von der jakobitischen Town Hall aus dem Jahr 1670, in der sich heute die Touristeninformation befindet, daneben steht die einstige Kornbörse von 1856. Das Stadtmuseum im Flint House in der High Street macht den Besucher mit der Geschichte des Städtchens vertraut (unregelmäßige Öffnungszeiten). Hier erfährt man auch etwas über den berühmtesten Bürger der Stadt, Sir William Blackstone (1723-1780), der mit seiner Gesetzesinterpretation *Commentaries on the Laws of England* die amerikanische Unabhängigkeitserklärung maßgeblich beeinflußt hat.

Sommerliche Ruderregatta bei Wallingford

Die Burg – letzte royale Bastion – wurde während des Bürgerkriegs 16 Wochen lang belagert, dann ergab sich die Besatzung den Truppen Cromwells, die anschließend die Mauern schleiften. Der Wirt vom Town Arms Pub, der in der High Street unmittelbar vor der Brücke liegt, ist stolz darauf, daß William Morris 1880 auf einer Fahrt von London nach Kelmscott hier einkehrte.

Übernachten kann man in Wallingford im altehrwürdigen George Hotel in der High Street.

→ Tourist Information: Wallingford, Town Hall, Market Place, Tel. 01491-826972

Die Krimi-Autorin Agatha Christie (1890-1976) lebte über 30 Jahre lang in ihrem Domizil »Winterbrook House«, das südlich vom Ortszentrum im gleichnamigen Weiler und direkt an der A 329 am Fluß liegt. Sie hatte es 1934 gekauft; sieben Jahre später zog ihr zweiter Mann, Max Mallowan, Archäologe und Fellow am Oxforder All Souls College, mit ein. In Winterbrook schrieb Agatha Christie viele ihrer Hercule-Poirot-Geschichten sowie ein Hörspiel mit dem Titel *The Mousetrap*. Das Stück wurde später für das Theater umgearbeitet, es ist das weltweit am längsten ununterbrochen gespielte Bühnenstück. Noch immer wird es in London aufgeführt. Eine darin vorkommende Hotelrechnung in Höhe von ursprünglich £ 5 mußte über die Jahrzehnte immer wieder der Inflation angepaßt werden. 1965 beendete Agatha Christie in Winterbrook ihre Memoiren und zugleich ihr Leben als Autorin. »Aber ich lese immer noch gern, am liebsten Kontoauszüge«, ließ sie mitteilen. Churchill bemerkte einmal, Agatha Christie sei seit Lucrezia Borgia die Frau, die am meisten an Morden verdient habe. Am 12. Januar 1976 starb sie im Alter von 85 Jahren in ihrem Haus. Begraben ist sie im rückwärtigen Teil des Kirchhofes von Cholsey. Auf ihrem Grabstein stehen zwei Zeilen aus Edmund Spensers *The Fairy Queen*: »Sleep after toyle, port after stormie seas, / Ease after Warre, death after life, does greatly please.«

→ Fish Inn, Sutton Courtney, Tel. 01235-848242
Plough Inn, Clifden Hampton, linkes Ufer, Tel. 01865-407811
George Hotel, Dorchester, Tel. 01865-340404
White Hart Hotel, Dorchester, Tel. 01865-340074
Fleur de Lys, Dorchester, Tel. 01865-340502
Dorchester Abbey and Museum, Ostern-Sept. Di.-Sa. 11-17, So. 14-17 Uhr
Shillingford Bridge Hotel, Shillingford Bridge, rechte Flußseite, Tel. 01865-858567
Kingfisher Inn, Shillingford, Tel. 01865-858286
George Hotel, Wallingford, High Street, Tel. 0207-2661100

7 Von Wallingford nach Reading

Auf dem Themse-Pfad 26,3 km – The Beetle and Wedge und Ye Olde Leatherne Bottel – Goring und Streatley – Oscar Wilde und Sir Arthur »Bomber« Harris – Jethro Tull – Kenneth Grahame auf dem Ridgeway – Hardwick Hall –Mapledurham und das Domesday Book – Oscar Wilde im Reading-Gefängnis

Von Wallingford bis Goring lohnt sich das Anlegen eigentlich nicht, es sei denn, man hat vor, am rechten Ufer im Beetle and Wedge Rast zu machen oder zu übernachten. Das ist durchaus empfehlenswert, denn das Haus ist charmant, die Küche gut, und die zehn Zimmer haben eine individuelle Atmosphäre. The Beetle and Wedge stand Pate für das detailliert beschriebene The Potwell Inn in H. G. Wells tragikomischem, 1910 erschienenen Roman *Die Geschichte von Mr. Polly*. Darin bleibt der vom Leben verstörte, suizidgefährdete Mr. Polly Sieger in einer Wirtshausauseinandersetzung und gewinnt neuen Mut. Es heißt, Wells habe Teile des Romans im Pub geschrieben. George Bernard Shaw war übrigens ebenfalls eine Nacht hier zu Gast.

Eine kurze Flußfahrt weiter stromabwärts stoßen wir linker Hand auf den alten Pub Ye Olde Leatherne Bottel, der heute ein sehr gutes Restaurant beherbergt, in dem man beim Dinieren alle Vorurteile über das englische Essen weit hinter sich lassen kann; man sollte deshalb rechtzeitig vorbuchen.

Und dann erreichen wir die Orte Goring und Streatley. »Goring auf dem linken Ufer und Streatley auf dem rechten sind beide ganz entzückend, und man kann hier gut einige Tage verbringen. [...] Streatley ist ein sehr alter Ort und geht, wie die meisten Städte und Dörfer am Fluß, auf die Zeit der Britannier und Sachsen zurück. Goring ist, wenn man sich entscheiden muß, wo man sich einmietet, weniger hübsch als Streatley, doch auf seine Art ist es auch sehr schön und hat den Vorteil, näher an der Eisenbahn zu liegen, falls man sich verdrücken möchte, ohne sein Zimmer zu bezahlen.« Der lapidaren Einschätzung von Jerome muß man nichts hinzufügen.

Im Sommer 1893 kam Oscar Wilde mit dem Zug in Goring an, mietete sich im Ferry Cottage in der Ferry Lane ein und schrieb hier an seiner Gesellschaftskomödie *Ein idealer Gatte*. Eine der Hauptfiguren – Lord Arthur Goring – benannte Wilde nach dem Städtchen.

Der gemütliche Gasthof The Miller of Mansfield an der High Street mit seinen zehn Zimmern ist eine ehemalige Kutschstation aus dem 18. Jahrhundert und wird schon in

Dickens *Dictionary* als ideale Übernachtungsmöglichkeit erwähnt.

In Streatley – dem atmosphärisch dichteren »twin-village« von Goring – sorgt der Swan für das Wohl der Reisenden. Von der Terrasse aus hat man einen schönen Blick über die Themse und auf das gegenüberliegende Goring. Der Gasthof stammt aus dem letzten Drittel des 17. Jahrhunderts. Damals betrieb der Wirt einen Fährservice. Heute hat der Swan 46 Zimmer mit Aussicht auf den Fluß. Arthur Park notierte 1880 in seinem *Playful Guide to the Thames*: »Die Korridore des Swan sind derart eng, daß sich die Gäste mit ein wenig Phantasie vorstellen können, sich in einem Gefängnisklotz zu befinden.«

Empfehlenswert ist auch der Pub The Bull im Ortszentrum neben der Jugendherberge. Die weiße, reetgedeckte Kneipe hat sechs Fremdenzimmer und ist »eines der angenehmsten Häuser entlang der Themse. Das Äußere ist pittoresk und antiquiert, das Innere zeigt sich komfortabel und originell.« Das schrieb ein gewisser A. S. Krausse 1889 in seiner *Pictorial History of the Thames*, und diese Einschätzung ist bis heute gültig. Im Garten des Pubs steht eine uralte Eibe, die angeblich den Begräbnisplatz einer Nonne und eines Mönches markiert; beide sollen 1440 wegen geschlechtlicher Liebe hingerichtet worden sein. Jerome und seine Begleiter nahmen auf ihrer Flußreise einen Lunch im Bull ein.

Ende des 19. Jahrhunderts kam Kenneth Grahame – auch bei uns bekannt durch sein 1908 erschienenes Kinderbuch *The Wind in the Willows* (Der Wind in den Weiden) – nach Streatley, um von dort aus auf dem Ridgeway zu wandern. Der Ridgeway gilt als älteste Straße Englands. Der 137 km lange Weg stammt aus prähistorischen Zeiten und führt durch die Kreidehügel der Berkshire Downs und der Chiltern Hills. Er ist gesäumt von vielen steinzeitlichen Monumenten und sogenannten »Areas of Outstanding Natural Beauty«. Im Süden beginnt der Pfad am Overton Hill (zwischen den Städten Avebury und Marlborough) und trifft bei Streatley auf die Themse; von dort folgt er dem linken Flußufer bis Wallingford und verläuft dann in nordöstliche Richtung bis zum Ivanhoe Beacon nahe Aylesbury. Wer diese sehr empfehlenswerte Tour unternehmen möchte, findet Informationen unter www.nationaltrails.gov.co.uk/ridgeway.htm. Seine Wanderungen auf dem Ridgeway hat Kenneth Grahame in *The Romance of the Road* (1891) beschrieben: »Beginne die Wanderung auf dem Ridgeway in Streatley, dort, wo er die Themse kreuzt. Sofort führt er dich in einer großartigen und entschlossenen Art und Weise heraus aus der bewohnten Welt, verläuft über die höchsten Kämme der Downs wie ein breites grünes Band aus Torf. So ein Pfad ist manchmal freundlich wie ein Mensch; es scheint so, als nähme er dich bei der Hand.«

Kunstsammler sollten in einem der ältesten Gebäude Gorings die Goring Mill Gallery am Lock Approach besuchen. Die ehemalige Mühle stammt aus dem 17. Jahrhundert, eine frühere ist bereits im *Domesday Book* erwähnt. Hier finden sich rund 500 Gemälde, Zeichnungen, Aquarelle, Skulpturen, Grafiken und Keramikarbeiten von etwa 50 zeitgenössischen Künstlern aus der Umgebung.

Hinter Goring passieren wir den berühmten Goring Gap, ein Überbleibsel aus der letzten Eiszeit. Die Themse verläuft meist durch ein breites seichtes Tal. Südlich von Goring stiegen die Hügelhänge nach Abschmelzen der Gletscher steil an und formten sich zu einem Kalksteingebirge aus. Der Fluß mußte diese Barriere durchschneiden, und so säumen die Chiltern Hills seine nördlichen Ufer und die Berkshire Downs die südlichen.

Hinter der nur wenige Kilometer entfernten Brunel Railway kommt am rechten Ufer die 800 Jahre alte Kirche von Basildon ins Blickfeld. Auf dem Friedhof, der sich rund um das Gotteshaus erstreckt, liegt Jethro Tull begraben, der Vater der Agrarwissenschaften. Tull wurde 1674 in Basildon geboren, besuchte die Universität von Oxford und machte einen Abschluß als Anwalt, wandte sich dann aber der Landwirtschaft zu. Er führte neue Anbaumethoden ein und erfand 1701 eine Saatmaschine. 1741 starb er im Nachbarort Hungerford und wurde auf dem Kirchhof seines Geburtsdorfes begraben.

Whitchurch Lock, links des Flusses gelegen, ist unsere nächste Station. Die Whitchurch Toll Bridge ist eine der zwei noch verbliebenen mautpflichtigen Brücken über die Themse. Die weiße Eisenkonstruktion wurde in viktorianischer Zeit, 1880, erbaut. Damals hatte jeder, der die Brücke zu Fuß überqueren wollte, einen Sixpence zu zahlen; das galt übrigens auch für Schafe, Ziegen oder anderes Vieh. Kutschen und Lastkarren wurden nach Rädern abgerechnet, die mit je zwei Pence zu Buche schlugen. Fußgänger und begleitendes Getier sind heute mautfrei, Autofahrer müssen zehn Pence opfern.

Whitchurch-on-Thames ist wie die vielen anderen Weiler am Strom ein ruhiges, zeitloses, nett anzusehendes Örtchen, das noch eine Mühle besitzt, die bereits im *Domesday Book* erwähnt wird. Dort erfahren wir auch, daß ein gewisser Miles Crespin die umgebenden Ländereien als Lehen hielt und daß die Mühle für ihn einen Ertrag von 20 Shilling pro Jahr abwarf. St. Mary's Church, deren Glockenturm die Cottages überragt, wurde 1858 auf normannischen Fundamenten neu erbaut. Von hier führt die Whitchurch Bridge auf die andere Flußseite nach Pangbourne. Pangbourne ist größer als das Schwesterstädtchen; hier mündet der Fluß Pang in die Themse. Über die hiesigen Ufer schrieb Robert Gibbings in seinem 1939 erschienenen Buch *Sweet Thames run softly*, daß sie soviel schöne Aussichten böten, »als seien sie aus dem Goldrahmen eines Bildes der Royal Society gefallen«. Wahrscheinlich hatte er das Gemälde *Sunset Afterglow on the Thames near Pangbourne* von George Vicat Cole vor Augen, welches dieser 1866 bei der Ausstellung der Royal Academy präsentierte. Es zeigt die grünen Uferwäldchen, über denen bläulicher Nebel aufsteigt, und den glutroten Himmel, der sich im Fluß spiegelt. Viele andere Künstler jener Tage haben hier ihre Staffeleien aufgestellt und die Flußlandschaft gemalt. Das erklärt den Satz von Jerome: »Die Gegend um Pangbourne dürfte den Liebhabern von Kunstausstellungen ebenso vertraut sein wie den Anwohnern.«

Spaziert man über den einstigen Treidelpfad durch die Pangbourne Meadows auf den Ort zu, so bietet sich dem Wanderer wahrlich eine *Wind in den Weiden*-Atmosphäre. Kenneth Grahame ließ sich 1924 im Church Cottage neben der Kirche St. James nieder. Hier lebte er zurückgezogen und gramgebeut bis zu seinen Tod am 6. Juli 1932. Zwölf Jahre zuvor war sein Sohn Alistair nahe Oxford von einem Zug erfaßt und getötet worden. Die offizielle Untersuchung ergab einen Unfall, doch hinter vorgehaltener Hand redeten alle von Selbstmord. Grahame begann sein *Wind in den Weiden* an Alistars viertem Geburtstag im Jahr 1904. Allabendlich erzählte er ihm eine kleine Anekdote und publizierte alle zusammen 1908. Obwohl die *Times* es als »unerheblichen Beitrag zur Naturgeschichte« verunglimpfte, wurde das Buch enorm erfolgreich und ist heute ein Klassiker der Kinderliteratur. Nach Grahames Tod schmückten die Kinder von Pangbourne die Kirche St. James für die Messe mit vielen Weidenzweigen. Grahame fand seine letzte Ruhestätte in Oxford neben seinem Sohn. Auf unserer Flußreise werden wir Kenneth Grahame und seinen Geschichten noch mehrfach begegnen.

Bei Hunger oder Durst lohnt ein Besuch in Pangbourne im weißgekalkten, rotschindeligen Swan Inn, der direkt am Ufer liegt, und von Jerome mit dem Wörtchen »anheimelnd« bis heute treffend beschrieben worden ist.

Nicht nur Grahame lebte in Pangbourne, auch D. H. Lawrence residierte hier zeitweise, und zwar im Haus Myrtle, das an der Durchgangsstraße liegt. Und Lytton Strachey hatte sein Heim in Mill House, in der Sulham Road im Weiler Tidmarsh, 1,5 km südlich am Pang gelegen. Hier korrigierte er die Druckfahnen seiner *Eminent Victorians* (*Große Viktorianer*), ein Buch, das ihn 1918 schlagartig berühmt machte. In Mill House begann er auch mit den Arbeiten an *Elizabeth and Essex – A Tragic History*, einem biographischen Roman über die Königin. Wenn man schon einmal vor Ort ist, sollte man auf keinen Fall versäumen, in den Greyhound einzukehren. Der windschiefe Fachwerk-Pub datiert aus dem 12. Jahrhundert. Im Winter wärmen offene Kaminfeuer, die Mahlzeiten sind ausgezeichnet.

Einen knappen Kilometer hinter Whitchurch kommt auf der linken Flußseite am Fuße der Chiltern Hills das in samtigen, baumbestandenen Rasenfeldern liegende Hardwick Hall ins Bild, »vielleicht das schönste Gebäude, das in ganz England aus der Zeit Elizabeth' erhalten ist, ein wahrer Wolkenkratzer aus Glas und goldgetöntem Stein«. Der National Trust, in dessen Besitz das Herrenhaus ist, beschreibt es »als eine riesige Glaslaterne«.

Elizabeth »Bess« of Hardwick (1527-1608) ließ das prachtvolle Gemäuer von dem damals bekannten Baumeister Sir Robert Smython erbauen. Durch vier Hochzeiten war sie zu beträchtlichem Reichtum gekommen. In die englische Geschichte ist sie deshalb eingegangen, weil sie mit ihrem vierten Mann, George Talbot, dem sechsten Earl of Shrewsbury, viele Jahre auf verschiedenen Anwesen die schottische Königin Maria Stuart unter Hausarrest hielt. Elizabeth I. hatte den Adligen mit der Aufgabe betraut, die gefangene Königin zu beherbergen. Dafür erhielt er £ 50 im Monat, später nur noch £ 30; die tatsächlichen Kosten lagen weitaus höher. Bess und Maria Stuart haßten einander. Marias Biograph Michel Duchein schreibt über sie: »Bess of Hardwick verstand sich hervorragend darauf, Ränke zu schmieden und anderen übel nachzureden. Sie war der Inbegriff dessen, was man als Klatschmaul zu bezeichnen pflegt. Sie vertrieb sich die Zeit damit, leidenschaftlich Tratsch und Gerüchte in die Welt zu setzen. Sie war die niederträchtigste und wachsamste Feindin, die Maria Stuart je gehabt hat.«

Elizabeth I. war gerne und oft in Hardwick Hall. Während des Bürgerkriegs im Juli 1647 kam Karl I. als Gefangener in den Adelspalast. Hier vergnügte er sich beim Boule-Spiel auf dem Rasen, nicht ahnend, daß bald das Todesurteil über ihn gefällt werden würde.

Thomas Hobbes (1588-1679) verlebte seine letzten vier Lebensjahre auf dem Landsitz. Beim Ausbruch des englischen Bürgerkriegs 1642 war er als Anhänger der Monarchie nach Frankreich geflohen, wo er den späteren König Karl II. in Mathematik unterrichtete. Dort im Exil schrieb Hobbes sein berühmtes Werk *Leviathan*, das als eine der ersten modernen staatstheoretischen Abhandlungen gilt. Hobbes vertritt darin den absoluten Machtanspruch des Königs, da die Menschen sich sonst gegenseitig bekämpfen würden. Nur der mächtige Leviathan, die Autorität des Staates, kann die soziale Ordnung aufrechterhalten. Sein

Satz »Der Mensch ist des Menschen Wolf« ist als geflügeltes Wort in viele Sprachen eingegangen.

Mit der Restauration des Königshauses kehrte Hobbes nach England zurück, Karl II. setzte ihm eine großzügige Pension aus, und so konnte der Philosoph einen geruhsamen, sorgenfreien Lebensabend auf Hardwick Hall verbringen. Wo immer der alte Mann unterwegs war, stützte er sich auf einen Stock, in dessen Griff ein Tintenfaß und eine Schreibfeder eingearbeitet waren, so daß er jederzeit seine Gedanken notieren konnte. Er starb 91jährig in geistiger Umnachtung.

Um die Wende vom 19. zum 20. Jahrhundert lebte in Hardwick Hall der Parlamentsabgeordnete Sir Charles Rose, nach dem Kenneth Grahame die Figur des Kröterichs in *Wind in den Weiden* entworfen haben soll. Grahames Illustrator E. H. Shepard nahm Teile des Hauses in seine Zeichnung von Krötinhall auf.

»Sie schifften um eine Biegung des Flusses und sahen dann ein schönes altes Haus aus verwitterten roten Ziegelsteinen. Von dem Haus wellte sich ein gepflegter Rasen bis zum Wasser hinunter. ›Dies ist der Landsitz Krötinhall‹, erklärte die Ratte. ›Siehst du da links den Bach mit dem Schild dran: ›Privat. Anlegen verboten!‹ Da geht es zum Bootshaus und da legen wir an. Rechts sind die Stallungen. Das dahinten ist die Festhalle – sehr alt und wertvoll. Der Kröterich ist ziemlich reich, und dies ist eines der schönsten Häuser in der ganzen Gegend. Aber das geben wir ihm gegenüber natürlich niemals zu.«

Hardwick Hall ist fast so erhalten wie zu Zeiten von Bess, das Haus vermittelt einen guten Eindruck vom höfischen Leben in der Tudor-Zeit und zeigt eine herausragende Sammlung von Gobelins, Möbeln und Gemälden aus dem 16. Jahrhundert.

Auf dem Flußweg ist es nun nicht mehr weit bis Mapledurham, einem Weiler, wie er selbst im verträumt-ländlichen England nur noch selten vorkommt. Mapledurham hat dem Zahn der Zeit mit Vehemenz getrotzt. Bis heute gibt es keinerlei Infrastruktur: keinen Tante-Emma-Laden, keine Post, keinen Pub, nur Mapledurham House, eine Kirche, einige Cottages, ehemalige Armenhäuser aus dem Jahr 1614 sowie eine Mühle. Wem hier abends das Bier oder die Zigaretten ausgehen, wer morgens kein Brot, keine Butter oder keine Milch im Kühlschrank findet, der muß sich auf einspurigen Straßen rund 8 bis 10 km auf den Weg zum Einkauf in benachbarte Örtchen machen.

Der Herrensitz wurde von der Blount-Familie während der Regierungszeit von Elizabeth I. erbaut, und der Grundriß zeigt folgerichtig ein »E«. Bis heute ist das Haus im Besitz der Dynastie. Der Dichter Alexander Pope weilte mehrfach als Gast der Blounts in Mapledurham House und bezeichnete seine Aufenthalte dort in einem Gedicht als »Weg zum Himmel«. Auch Mapledurham House soll als Vorbild für Kenneth Grahames Krötinhall gedient haben. Und John Galsworthy bediente sich der Lokalität in seiner *Forsythe Saga* und nannte das Anwesen »The Shelter«. Wiederholt war es Kulisse für Kino-und Fernsehfilme, u. a. für den Fernsehdreiteiler *Forsythe Saga*. Das einstige Tudor-Anwesen ist aufwendig restauriert, genau wie heute wird es schon vor 500 Jahren ausgesehen haben. Im Innern beherbergt es kostbares Mobiliar, Gobelins und Gemälde.

Die nahebei aufragende St. Margaret's Church hat eine Besonderheit, und zwar den Blount-Gang (genannt Bardolph Aisle), der aber nicht zum Gotteshaus, sondern der katholischen Familie Blount gehört. Mit Heinrich VIII. übernahm die anglikanische Kirche das Gotteshaus und verlangte den

Blount-Flügel für sich zurück – vergebens, die Dynastie konnte jahrhundertealte Rechte vorweisen.

Die Wassermühle des Weilers aus dem 15. Jahrhundert ist die einzige noch funktionierende an der gesamten Themse und war bis 1947 in Betrieb. Bereits 1086, zu Zeiten des *Domesday Book* gab es hier eine Mühle. Schauen wir uns einmal an, was genau im *Domesday Book* zu Mapledurham steht: »William de Warenne holds Mapledurham of the King. There are 7 hides. There is land for 12 ploughs. Now in demesne are 2 ploughs and 2 slaves and 16 villans with 8 bordars have 10 ploughs. There is a mill rendering 20 s and 10 acres of Meadow. It is worth now 12 pound.« So erfahren wir also, daß Mapledurham einst William de Warenne als Lehen vom König gegeben wurde. Es gibt »7 hides« (dies ist eine Steuereinheit, die sich auf die Größe eines Landes bezog, das einen Haushalt ernähren konnte.) Es gibt Land für »12 ploughs« (= eine Ackereinheit [etwa wie ein Morgen]). Jetzt hat die »demesne« (= Domäne, Grundbesitz) »12 ploughs« und 2 Sklaven; und »16 villans« (Dörfler = unfreie Bauern mit einem höheren wirtschaftlichen Status) mit »8 bordars« (Cottagebewohner außerhalb des Dorfes = unfreie Bauern mit niedrigerem wirtschaftlichen Status) haben »10 ploughs«. Es gibt eine Mühle, die 20 Shilling Ertrag abwirft und »10 acres« (1 acre = 0,4048 Hektar) an Wiesen. Alles zusammen hat einen Wert von »12 pound«.

Die heutige, 600 Jahre alte Mühle besitzt ein unterschächtiges, aus Eiche gefertigtes Wasserrad, das zwei Mühlsteine antreibt, die eine Tonne Getreide in sechs Stunden mahlen können.

1976 wurde hier der Kinofilm *Der Adler ist gelandet* mit Michael Caine und Donald Sutherland gedreht. Dafür wurde ein komplettes Dorf rund um die Mühle gebaut. Dank der Einnahmen durch die Filmarbeiten konnte die Mühle 1977 originalgetreu restauriert werden. Bei Führungen wird die Mühle in Betrieb genommen, und das bei der Vorführung geschrotete Vollwertmehl wird an die Besucher verkauft.

Auf unserer weiteren Fahrt erreichen wir bald Reading auf dem rechten Ufer, und linker Hand die Kleinstadt Caversham. »Gegen Elf kam Reading in Sicht. Der Fluß ist hier schmutzig und unansehnlich, und man bleibt nicht länger in dieser Gegend als nötig«, schrieb Jerome. Und an anderer Stelle: »Selbst Reading – obwohl es nun wirklich tut, was es kann, um so viel wie möglich vom Fluß zu verunstalten und zu verdrecken – ist freundlich genug, sein häßliches Äußeres weit außer Sicht zu halten.«

Dem ist heute ganz und gar nicht mehr so, aber viel zu bieten haben beide Städte nicht. In Reading gibt es an der Ecke Blagrave Street und Valpy Street ein hervorragendes Stadtmuseum.

In den Räumen des Torhauses des in Ruinen liegenden ehemaligen Benediktiner-Klosters in der Forbury Road befand sich im 18. Jahrhundert eine von der französischen Emigrantin Madame Latournelle geleitete Schule. Die Schriftstellerin Jane Austen (1775-1817) und ihre jüngere Schwester Kassandra drückten hier von 1785 bis 1787 die Schulbank.

Das alte Gefängnis von Reading, das Reading Gaol, gibt es nicht mehr. In *Wind in den Weiden* mag hier der Kröterich eingesessen haben: »Der Weg führte weiter unter dem spitzenbewehrten Fallgitter hindurch, durch den düster gewölbten Torbogen der grimmigen alten Zwingburg, deren Zinnen sich so drohend erhoben. Es ging durch Revierstuben mit grinsender Soldateska auf Urlaub. Der Kerkermeister nickte grimmig und legte seine welke Hand auf die

Schulter des Kröterichs. Ein rostiger Schlüssel knirschte im Schloß. Eine Eichentür wurde hinter ihnen zugeschlagen. Der Kröterich war hilflos im Gefängnis verschwunden, in einem Gefängnis, gut bewacht und uneinnehmbar. Und das mitten in England.«

Wirklich hinter Gittern saß hier Oscar Wilde, nachdem sein Verhältnis mit dem jungen Lord Alfred Douglas bekannt geworden und er wegen »zweideutiger sexueller Praktiken« zu zwei Jahren harter Arbeit im Gefängnis verurteilt worden war. Seine Stücke wurden vom Spielplan gestrichen, seine Bücher verboten. Am 20. November 1895 wurde er in Handschellen und in Sträflingskleidung vom Wandsworth-Gefängnis in London in die Haftanstalt von Reading gebracht, in einen festungsähnlichen Bau aus roten Ziegeln neben den Ruinen der Benediktiner-Abtei. 1898 schrieb er die *Ballade vom Zuchthaus zu Reading*:

> »Er schritt auf dem Gefängnishof,
> In grauem Zwilch umher,
> Eine Kricketmütze auf dem Kopf,
> und sein Schritt erschien nicht schwer;
> Nur sah ich keinen, der in den Tag
> So sehnlich sah wie er.
> So sehnlich sah zu dem Fleckchen Blau,
> Dem kleinen blauen Feld,
> Das der Gefangne Himmel nennt,
> Den Himmel seiner Welt,
> Und zu jeder Wolke, die oben zieht,
> Und Silbersegel schwellt.«

Nach seiner Entlassung siedelte er bankrott und krank 1897 nach Paris über, wo er unter dem Pseudonym Sebastian Melmoth publizierte. Der Name geht zurück auf

den Schauerroman *Melmoth, der Wanderer*, den sein Groß-
onkel Charles Maturin 1820 veröffentlicht hatte. Am 30.
November 1900 starb Oscar Wilde einsam in Paris – an-
geblich an den Folgen einer eitrigen Mittelohrentzündung,
die im Gefängnis nicht behandelt worden war.
Im Ortszentrum von Reading übrigens mündet der Kennet
& Avon-Kanal in die Themse, über den im 19. Jahrhundert
Lastkähne bis Bristol fahren konnten – heute tun das die
Hobby-Kapitäne.

➜ Tourist Information: Reading, Church House, Chain Street,
Tel. 0118-9566226
Beetle and Wedge, zwischen Wallingford und Goring,
Tel. 01491-651381
Ye Olde Leatherne Bottel, zwischen Wallingford und Goring,
Tel. 01491-872667
The Miller of Mansfield, Goring, High Street,
Tel. 01491-872829
The Swan, Streatley, Tel. 01491-878800
The Bull, Streatley, Tel. 01419-872392
Goring Mill Gallery, Goring, Lock Approach,
Tel. 01491-875030
George Hotel, Pangbourne, Tel. 0118-9842237
Hardwick Hall, April-Okt. Mi., Do., Sa., So. 12-16.30 Uhr
Mapledurham House und Mühle, Ostern bis September,
Sa./So. und an Feiertagen von 14 bis 17.30 Uhr
Stadtmuseum Reading, Reading, Blagrave Street/Ecke
Valpy Street, Di.-Sa. 10-16, So. 11-16 Uhr

8 Von Reading nach Henley

Auf dem Themse-Pfad 14,9 km – Der Bull Inn in Sonning –
Pfarrer Karl Philipp Moritz auf der Themse – Sonning
Mill Theatre and Restaurant – Hofdichter Tennyson in
Shiplake – Brandstiftende Suffragetten – Der Pub George
and Dragon – Henley Royal Regatta

Machen wir uns also nun auf den Weg von Reading in das
1000 Einwohner zählende Sonning. »Am ganzen Fluß findet man kein märchenhafteres Fleckchen: Das ganze Dorf
scheint aus einer Operette zu stammen – es wirkt überhaupt nicht wie aus Stein und Mörtel. Jedes Haus wird
von Rosen schier erdrückt, die sich jetzt – Anfang Juni –
zu Wolken üppiger Pracht entfalten. Falls Sie mal nach Sonning kommen, steigen Sie im Bull hinter der Kirche ab. Es
ist geradezu das Sinnbild eines alten Landgasthofes. Das
Gebäude hat Sprossenfenster, krumme Treppen und ge-
wundene Flure, und die Zimmer sind niedrig und altmodisch«, schwärmte Jerome.
Wer sich im Bull Inn einmieten möchte, sollte rechtzeitig
vorbuchen, denn der 500 Jahre alte Gasthof hat nur sieben
Zimmer, und die Küche ist weithin bekannt.
1782 fuhr Karl Philipp Moritz den Fluß entlang: »Die
Themse voll hin und her zerstreuter großer und kleiner
Schiffe und Boote, die entweder mit uns fortsegeln oder
vor Anker liegen; die Hügel an beiden Seiten mit einem
so milden sanften Grün bekleidet, wie ich noch nirgends
sah. Die netten Dörfer und Städtchen und prächtigen Land-
sitze dazwischen gewähren einen Anblick von Wohlstand
und Überfluß, der über alle Beschreibung ist.« Moritz' unter-
haltsame Aufzeichnungen *Reisen eines Deutschen in Eng-*
land im Jahr 1782 wurden auch ins Englische übersetzt.

Jane Austens Onkel, Reverend Edgar Cooper, wurde 1784 Pfarrer an der St. Andrew's Church. Sicher hat sie ihn oft mit der Familie besucht. Leider hinterließ sie uns keine Aufzeichnungen über Sonning.

Im Örtchen sollte man auch einen Blick auf The Deanery werfen, das 1901 von dem Architekten Sir Edwin Lutyens (1869-1944) entworfen wurde. Lutyens ist für seine repräsentativen Landhäuser bekannt. Den Garten rundherum legte Gertrude Jekyll (1843-1932) an, die über 400 Gärten in Großbritannien, Europa und in den USA entworfen hat. Ihre Bücher über Gärtnerei sind heute Klassiker ihres Genres. Sie arbeitete eng mit Lutyens zusammen. »A Lutyens house with a Jekyll garden« war nicht nur ein geflügeltes Wort, sondern auch der Traum begüterter Adliger und reicher Magnaten; über hundert Häuser samt Gärten haben die beiden zusammen gestaltet. Gertrudes Bruder, Walter Jekyll, war ein enger Freund des Schriftstellers Robert Louis Stevenson und lieferte den Namen für die Hauptfigur in dessen Roman *Dr. Jekyll und Mr. Hyde*.

In der Grove Street befindet sich Turpin's House, das einst der Tante des berüchtigten Straßenräubers und Mörders Dick Turpin (1705-1739) gehörte; angeblich soll er sich mehrfach hier versteckt haben. Der Mann hat es in England zu großer Berühmtheit gebracht. Im Alter von 34 Jahren wurde er in York unter der begeisterten Anteilnahme der Bevölkerung gehenkt.

Über Sonning Bridge erreicht man auf der gegenüberliegenden Flußseite Sonning Eye. Hier liegt direkt an der Themse eine restaurierte Mühle, die zu einem kleinen Theater umgestaltet wurde. Trotzdem ist die Mühle immer noch im Betrieb. Seit 1982 kann man ein Theaterstück oder Musical besuchen und bekommt danach ein exzellentes Drei-Gänge-Menü im zugehörigen Restaurant serviert.

Auf dem Weg von Sonning nach Shiplake kommt man an vier Inseln vorüber: Buck, Hallsmead, Lynch und Phillismore.

Upper Shiplake ist älteren Datums als Lower Shiplake. Seine Häuschen gruppieren sich um die St. Peter und Paul-Kirche, in der Lord Alfred Tennyson am 13. Juni 1850 die vier Jahre jüngere Emily Smallwood heiratete. Erstmals trafen sie sich 1836, verliebten sich, doch an eine Ehe war nicht zu denken, da sie beide bitterarm waren. Durch einen glücklichen Zufall sahen sie sich viele Jahre später im Haus von Tennysons Vetter in Shiplake wieder. Der Dichter war gerade durch den Verkauf seiner Elegie *In Memoriam* über den Tod seines Freundes Arthur Hallam zu Geld gekommen, und so konnten die beiden doch noch heiraten. Vielleicht hatte der Poet die liebliche Themselandschaft von hier im Sinn, als er die ersten Zeilen seines Gedichtes *The Lady of Shalott* reimte: »On either side of the river lie/ Long fields of barley and of rye,/That clothe the world and meet the sky;/And through the fields the road run by/To many tower'd Camelot.« Auch ein anderer Literat hatte Verbindungen zu Shiplake, nämlich Algernon Charles Swinburne (1837-1909), der häufig in dem georgianischen Landhaus Holmwood seiner Eltern zu Besuch weilte, um sich von seinen ausgiebigen Trink-Eskapaden zu erholen. Und schließlich lebte George Orwell (1903-1950) als Kind in dem Haus Roselawn, das sich an der Ecke der Station Road/Quarry Lane in Lower Shiplake befindet. Ebenfalls in der Station Road liegt der ausgezeichnete Pub The Baskerville Arms, der in den 30er Jahren des letzten Jahrhunderts erbaut worden ist. Der Themse-Pfad führt daran vorbei. Die Kneipe hat ihren Namen von der Baskerville-Familie bekommen, denen große Ländereien in der Umgebung gehörten und die mit Sir Arthur Conan Doyle befreundet waren; Doyle hat der Familie in seinem Roman *Der Hund von Baskerville* ein kleines Denkmal gesetzt. Der gemütliche Gasthof bietet neben gutem Essen vier geräumige Gästezimmer.

Auf der anderen Flußseite finden wir Wargrave, das mit seinen vielen georgianischen Häusern inmitten von Bäumen eine kleine Augenweide ist. Jerome notierte: »Wargrave schmiegt sich an eine Flußbiegung, und wenn man es vom Fluß aus im milden Sonnenlicht eines schläfrigen Tages sieht, dann bietet es einen wunderschönen, altertümlichen Anblick, der auf der Netzhaut der Erinnerung haften bleibt.«

Vor 1000 Jahren war das Örtchen königliche Residenz. Edward der Bekenner (reg. 1042-1066) wurde hier geboren. In jenen Tagen war es eine der reichsten Städte in Berkshire, das *Domesday Book* vermeldet unter anderem eine Mühle, drei Fischteiche, Wiesen und Waldland für 100 Schweine in einem Gesamtwert von 27 £ 6 s 8 d. Auf der Grünfläche im Ortskern, Mill Green, ragt die Kirche St. Mary auf, ursprünglich ein normannisches Gotteshaus, das nach einem Brand 1916 wieder aufgebaut wurde. Einer Überlieferung zufolge haben die Suffragetten unter Führung von Emily Pankhurst das Feuer gelegt, da der Pfarrer bei einer Hochzeitszeremonie nicht auf die Floskel verzichten wollte, daß die Frau dem Manne untertan zu sein habe. Im Innern liegt eine Madame Tussaud begraben, nicht die Erfinderin der Wachsfiguren, sondern ihre Schwiegertochter.

Der Pub The George and Dragon am Flußufer neben dem Slipway kann mit einer netten Anekdote aufwarten. Der Maler George Leslie schrieb 1888 in seinem Themse-Buch *Our River*: »Während unseres Aufenthaltes in Wargrave malten mein Freund Hodgson und ich für Mrs. Wyatt das

Wirtshausschild neu. Ich nahm meine Seite in Angriff und malte einen orthodoxen heiligen Georg, wie er den Drachen aufspießt. Hodgson war derart angetan von der Idee, ein Wirtshausschild zu gestalten, daß er mich fragte, ob er die andere Seite gestalten dürfe. Es beschäftigte ihn nur wenige Stunden, und seine Szene zeigte den heiligen Georg, der, nachdem er den Drachen bezwungen hatte, vom Pferd gestiegen war und seinen Durst mit einem großen Glas Bier löschte.« Das ist für ein englisches Pub-Schild deshalb ungewöhnlich, weil beide Seiten eigentlich immer dieselbe Szene zeigen. Heute hängen die Schilder hinter Glas im Pub, und draußen baumelt eine Kopie. Jerome hat noch das Original über dem Eingang gesehen. Zur Flußseite hin hat der Pub einen großen Biergarten, von dem aus man den geschäftigen Bootsverkehr auf dem Strom gut verfolgen kann.

Kurz hinter Wargrave macht der Strom einen Bogen, umfließt ein Inselchen mit der Wargrave Marsh, das durch das Hannerton Backwater vom Ufer getrennt ist, kurze Zeit später ist Marsh Lock erreicht, und dann fahren wir auch schon in Henley-on-Thames ein.

Der kleine, anheimelnde Ort ist weltweit für seine Königliche Regatta bekannt, die alljährlich in der ersten Juli-Woche ausgetragen wird. Zusammen mit dem Pferderennen von Ascot ist die Henley-Regatta eines der bedeutendsten gesellschaftlichen Ereignisse der englischen Oberschicht. Dickens vermerkt in seinem *Dictionary* von 1887 über das Bootsrennen: »Der Fluß ist derart unschön mit Dampfbarkassen verstopft, Haus-und Ruderbooten, Nachen, Dinghis, Kanus und jede Menge von anderen undenkbaren Fortbewegungsmitteln, daß die Ruderboote manchmal größte Schwierigkeiten haben, sich einen Weg durch die Menge zu bahnen.«

Die Regatta beginnt flußabwärts an Temple Island und verläuft über eine Meile und 450 Yards (= 1935,47 m) bis zur Henley-Brücke. Die Ruderer arbeiten gegen die Strömung an. Das erste Rennen fand am 10. Juni 1829 zwischen den Universitäten Oxford und Cambridge statt, damals starteten die Achter jedoch ein wenig weiter flußabwärts am Hembleden Lock. 1839 organisierten die Autoritäten von Henley ihre eigene Regatta, die zwölf Jahre später mit dem Zusatz Royal geehrt wurde – da nämlich hatte Prinz Albert, Ehemann von Queen Victoria, die Schirmherrschaft übernommen.

Henley Bridge mit ihren steinernen Balustraden und den fünf Bögen wurde 1787 erbaut. Über dem mittleren Bogen befinden sich rechts und links die beiden steinernen Köpfe von Vater Themse und Isis, die von der Bildhauerin Anne Damer geschaffen wurden. An der östlichen Seite unmittelbar an der Brücke ist das Hauptquartier der Henley Regatta, gegenüber liegt der uralte Pub The Angel. Erwähnenswert sind weiterhin die Kneipen The Three Tuns (15. Jahrhundert), The Bull (15. Jahrhundert), The Bear (16. Jahrhundert) und The Catherine Wheel, das 30 Gästezimmer hat.

Noch heute erinnern sich die Bewohner an einen berüchtigten Mordfall, der sich in der Mitte des 18. Jahrhunderts in Henley zugetragen hat. In jenen Tagen lebte dort eine gewisse Mary Blandy, die von ihrem Vater schon zu Lebzeiten ein Legat von £ 10 000 zugesprochen bekam – damals eine gewaltige Summe! So viel Geld rief Bewerber auf den Plan; ein gewisser Captain Cranston konnte sich berechtigte Hoffnung machen. Doch Marys Vater fand heraus, daß der umtriebige Cranston in Schottland bereits mit einer Angetrauten gesegnet war, und verbot die Hochzeit. Also schickte der Gigolo seiner »Angebeteten« eine

Ruderer bei der Königlichen Regatta von Henley

Anzahl von »Liebespillen«, verbunden mit genauen Dosierungsanweisungen. Die sollte sie ihrem Vater ins Essen mischen, und alsbald würde der sich den Verliebten nicht mehr in den Weg stellen. Da das vermeintliche Liebespulver Arsen war, ging die Prophezeiung in Erfüllung. Mary wurde angeklagt und am 6. April 1752 in Oxford gehenkt. Seitdem reitet sie als Geist auf einem Schimmel durch die Straßen der Stadt.

Am westlichen Ende der Henley Bridge befindet sich das aus dem 16. Jahrhundert stammende Hotel Red Lion. Auch diese Herberge war vor 400 Jahren einmal ein Gasthof für die Postkutschenpassagiere auf dem Weg nach Oxford.

Nach der Rückkehr aus Indien, 1907, zogen die Eltern des vierjährigen George Orwell ins Haus »Nutshell« in der Western Road ein.

Nicht versäumen darf man einen Besuch im Thames River and Rowing Museum an der westlichen Uferseite am Ende der Meadow Road. Das 1998 eingeweihte Ausstellungsgebäude hat einen Architekturpreis gewonnen. Es ist dem Fluß, dem Bootsrennen und der Geschichte der Stadt gewidmet.

→ Tourist Information: Henley-on-Thames, King's Arms Barn, Kings Road, Tel. 01491-578034
Bull Inn, Sonning, Tel. 0118-9693901
Theater und Restaurant in der Sonning-Mühle, Sonning Eye, Tel. 0118-9698000.
The Baskerville Arms, Lower Shiplake, Tel. 0118-9403332
Catherine Wheel, Henley, Tel. 01491-848484
Red Lion Hotel, Henley, Tel. 01491-572161
Thames River and Rowing Museum, Henley, Mai-Aug. tgl. 10-17.30, Sept.-April tgl. 10-17 Uhr

9 Von Henley nach Marlow

Auf dem Themse-Pfad 12,9 km – Thomas Hardy in Faw-
ley – Regatta Island – Hambleden – Die Bruderschaft
von Medmenham – Die Schleuse von Hurley – Shelley in
Marlow

Nördlich von Henley liegt der Weiler Fawley, zu dem die
Anhänger von Thomas Hardy (1840-1928) pilgern. Seine
Großmutter mütterlicherseits, Mary Hardy, geboren 1772,
verbrachte hier die ersten 13 Jahre ihres Lebens zusammen
mit ihrer Tante. Sie haßte den Ort. Das beeinflußte wohl
die Meinung ihres Enkels, der in seinem Roman *Jude the*
Obscure (*Herzen in Aufruhr*) dem Dorf den Namen Mary-
green gab und hier seinen tragischen Helden Jude Fawley
ansiedelt: »Dieser Weiler war gerade so altmodisch wie
klein und ruhte im Schoße eines welligen Hochlandes, das
an die Ebene von Nordwessex grenzte. [...] Vor allem
war die ursprüngliche, bucklige Kirche mit den hölzernen
Türmen abgebrochen und entweder in Haufen von Stra-
ßenschotter zerklopft oder zu Schweinestallwänden, Gar-
tenbänken, Schutzsteigen an Gehwegen und Felsengrup-
pen in den Blumenbeeten der Nachbarschaft verwendet
worden.« Vom Dach einer alten Scheune konnte der kleine Jude an klaren Tagen die beinahe 20 Meilen entfernt
liegenden Türme Oxfords sehen, seiner »Traumstadt, wo
die Pfarrer gezogen werden wie Radieschen in einem
Beet«.
Die Schule des Weilers, die Jude besucht und in der der
Schulmeister Phillotson seinen Bildungshunger weckt, gibt
es noch immer. Hardy besuchte den Ort mehrere Male,
darunter auch 1865, als die alte Kirche einer neuen weichen mußte. Dieses neue Gotteshaus – St. Mary's – läßt

er von Jude beschreiben als »modernes gotisches Gebilde, ungewöhnlich für englische Augen«. Eines der Glasfenster wurde von William Morris gefertigt.

Ein kurzes Stück flußabwärts liegt die Regatta Island, der Startpunkt des Henley-Bootsrennens. Das Inselchen wird auch Temple Island genannt, da es mit dem Nachbau eines griechischen Heiligtums geschmückt ist. Als Architekt zeichnete der damals erst 25jährige James Wyatt (1746-1813) verantwortlich, der sich in dem jugendlichen Alter bereits einen Namen als Baumeister neoklassizistischer Gebäude erworben hatte. Das Tempelchen diente der reichen Freeman-Familie als stilvolle Unterkunft beim Angeln. Hauptsitz der Dynastie war Fawley Court am linken Ufer, ein Herrenhaus, das ursprünglich von Sir Christopher Wren entworfen und später von Wyatt im klassizistischen Stil umgestaltet wurde.

Hinter Regatta Island macht der Fluß eine Linkskurve, an deren Scheitelpunkt am linken Flußufer das Haus Greenlands liegt, »der ziemlich uninteressante Wohnort meines Zeitungshändlers (eines stillen und bescheidenen alten Herrn, den man während der Sommermonate oft in dieser Gegend sehen kann, wie er mit kräftigem unangestrengtem Schlag den Fluß entlangrudert oder im Vorüberfahren ein Schwätzchen mit dem Schleusenwärter hält)«.

Die mysteriöse Stelle über Jeromes Zeitungshändler ist ein versteckter Scherz und erklärt sich erst dann, wenn man weiß, daß in dem Haus William Henry Smith (1825-1891) gewohnt hat, der aus dem kleinen Geschäft seines Vaters eine erfolgreiche Ladenkette für Bücher und Zeitschriften gemacht hat. Nachdem Smith zu Geld gekommen war, zog es ihn 1868 in die Politik. Neun Jahre später stieg er zum Marineminister Königin Victorias auf. Wegen seiner begrenzten Kenntnisse maritimer Gegebenheiten – der Ad-

Hambleden Mill

miral war niemals zur See gefahren und besaß nicht die geringsten militärischen Fähigkeiten – verspotteten ihn die Komponisten Gilbert und Sullivan unter dem Namen Sir Joseph Porter in ihrer Oper *HMS Pinafore*.

Hambleden-Lock ist bekannt für seinen Schleusenwärter Caleb Gould, der 59 Jahre seinen Dienst versah, von 1777 bis zu seinem Tod 1836 im Alter von 92 Jahren. Hambleden Mill stammt aus dem 16. Jahrhundert und ist heute in Wohnungen umgewandelt. Bis 1955 war die Mühle in Betrieb.

Hambleden liegt ca. 500 m vom nördlichen Ufer entfernt, ist eines der schönsten Dörfer in der Grafschaft Buckinghamshire und ist im Besitz des National Trust. Im Tal der Chiltern Hills gelegen, umgeben von grün bewaldeten Hügeln, stehen blumengeschmückte Cottages aus Ziegeln und Bruchsteinen, über denen sich mächtige reetgedeckte Dächer erheben. In dem Manor House aus dem 17. Jahrhundert erblickte 1797 James Thomas Brudenell, siebter Earl of Cardigan, das Licht der Welt. Brudenell befehligte als General den Kavallerie-Angriff der leichten Brigade während des Krim-Kriegs im Tal des Todes bei Balaclava am 25. Oktober 1854. Fast 600 britische Reiter kamen ums Leben. Brudenell jedoch avancierte zum Generalinspekteur der Kavallerie und wurde mit dem Bath-Orden ausgezeichnet. Hofdichter Lord Tennyson hat die fatale Schlacht in bestem Hurra-Patriotismus gefeiert. Der Earl war bei seinen Leuten wegen seiner Arroganz und seines herrischen Temperaments verhaßt und wurde einmal sogar seines Postens enthoben. Dank der guten Verbindungen seines Vaters zu König Wilhelm IV. kam er aber wieder zurück in sein Amt.

Im Dorfzentrum, also etwas vom Fluß entfernt, bietet der Pub Stag and Huntsman eine reiche Palette unterschiedlicher Biere, Snacks zur Lunchzeit, abendliche Dinner, einen Biergarten und mehrere Fremdenzimmer.

Auf der anderen Flußseite liegt Aston, ebenfalls ein winziges Dörfchen, mit dem Pub Flowerpot. Aus vergangenen Tagen stammt die Inschrift am Eingang: »Good Accomodation for boating and fishing parties«. Der Gasthof beherbergt eine der größten Sammlungen präparierter Fische im gesamten Königreich.

Nicht mehr weit ist es bis Medmenham mit der gleichnamigen weißen Abtei. Jerome notierte: »Die berühmten Mönche von Medmenham – oder der ›Höllenfeuer-Verein‹, wie der Volksmund sagte – bildeten eine Bruderschaft, deren Motto ›Mach was du willst‹ lautete, und diese Aufforderung steht heute noch über dem verfallenen Eingang der Anlage.«

Was war hier los? 1751 gründete Sir Francis Dashwood mit einer Reihe von einflußreichen Adligen den Orden der Mönche von Medmenham. Die Gruppe schmückte die Abtei mit phallischen Symbolen, pornografischen Bildern und Statuen und feierte wilde Sex-Orgien, bei denen reichlich Alkohol floß.

Dickens notierte in seinem *Dictionary*: »Sie alle zusammen waren wohl nicht das, was man unter allgemeinen Gesichtspunkten als eine respektable Gesellschaft bezeichnen würde. Die Mönche von Medmenham, manchmal höflich als Höllenfeuer-Verein bezeichnet, lebten zu einer Zeit, in der Trunkenheit und Gotteslästerlichkeit zu den Tugenden eines Gentleman zählten.«

Der Pub Dog and Badger (Gasthof zum Hund und zum Dachs) stammt aus dem 12. Jahrhundert; auch hier soll manches Treffen des Höllenfeuer-Vereins stattgefunden haben.

Die Ferry Lane führt von der Kirche zum Ufer, dort, wo

in früheren Tagen eine Fähre Passagiere über den Strom setzte. Auf der gegenüberliegenden Flußseite steht eine Bronzeplatte mit folgender Inschrift: »Dieses Monument wurde errichtet, um an den erfolgreichen Kampf zu erinnern, den Hudson Ewebank Kearley, erster Viscount von Devenport, gefochten hat und dem vor dem Appellationsgericht am 18. März 1899 Recht gegeben wurde, daß die Fähre von Medmenham eine öffentliche ist.« Der Landbesitzer Kearley hatte gegen einen Kneipenwirt geklagt, der nur seine Gäste übersetzen wollte und anderen Passagieren die Überquerung entweder verweigerte oder sie zu einem saftigen Fährpreis zwang. Die gerichtliche Auseinandersetzung war lang und teuer, letztendlich aber gewann Kearley.

Rund 3,5 km weiter ist Hurley erreicht. »Beim Wehr von Hurley«, schrieb Jerome, »dachte ich oft, ich könnte einen Monat hier verbringen und doch nicht genügend Zeit haben, all die Schönheit der Landschaft in mich aufzusaugen. Das Dorf Hurley, von der Schleuse fünf Gehminuten entfernt, ist so alt, wie es ein Ort am Fluß nur sein kann.«

Der Pub Rising Sun in der High Street wird wegen seiner Gerichte lobend im Good Pub Guide erwähnt, hat viel frischen Fisch auf der Karte und ein gutes Angebot an Weinen; außerdem gibt es einen Biergarten, an kalten Tagen wärmt ein offenes Kaminfeuer. Die Taverne Ye Olde Belle soll einer der ältesten Pubs Englands sein, um 1135 für reisende Mönche errichtet.

Nur noch eine kurze Strecke ist es bis Marlow; die Siedlung »gehört zu den sympathischsten Themse-Orten, die ich kenne. Es ist ein geschäftiges, lebendiges Städtchen – nicht sehr pittoresk, das stimmt schon, aber wenn man will, findet man doch zahlreiche altertümliche Winkel und Ecken: stehengebliebene Pfeiler der verfallenen Brücke der Zeit, über die unsere Phantasie in jene Tage zurückreist«, so Jerome, der einige Jahre hier gewohnt hat.

Nähert man sich der Stadt, so kommen die 1836 fertiggestellte weiße Hängebrücke von Marlow mit dem spitzen Kirchturm der All Saints Parish Church am nördlichen Ufer sowie das Hotel The Compleat Angler gegenüber ins Blickfeld. Mit den schäumenden Wassern des breiten Wehrs ergibt dies eine harmonische Stadtansicht. Die erwähnte Herberge stammt aus dem Jahr 1640, hat 64 Zimmer, ein sehr gutes, preisgekröntes Riverside Restaurant, die Alfresco Brasserie sowie eine Cocktail Lounge. Der Schriftsteller A. S. Krause schrieb 1889 in seiner *Pictorial History of the River Thames*, daß der Compleat Angler »ein höchst erfreuliches Hotel an der Themse ist, altmodisch, weitschweifig, mit nur einem Stockwerk, einem Giebeldach und pittoresken Schornsteinen darauf«.

Percy Bysshe Shelley lebte 1817/18 zusammen mit seiner Frau Mary Wollstonecraft in Marlow, und zwar im Albion House in der West Street. Shelley ließ sich gern, lang ausgestreckt, in seinem Ruderboot den Fluß hinuntertreiben. Jerome notierte: »Shelley dichtete ›Die Empörung des Islam‹, während er in seinem Boot unter den Rotbuchen von Bisham trieb.«

Indessen beendete die schwangere Mary ihren *Frankenstein*.

Nahebei, in Nr. 47, hatte ein Freund der beiden, Thomas Love Peacock, Quartier bezogen (das Haus gibt es heute nicht mehr). Er war indirekt dafür verantwortlich, daß die Shelleys sich in Marlow niederließen, denn nach der Rückkehr aus der Schweiz besuchten sie ihren Freund und fanden den Ort und die Gegend ganz reizend. Neben den Flußfahrten unternahmen Shelley und Peacock ausgedehnte Wanderungen in die Umgebung.

Doch durch die Nähe zum Fluß war das Anwesen der Shelleys feucht, die Bücher in der Bibliothek begannen zu schimmeln, und gesundheitliche Probleme stellten sich ein. 1818 übersiedelte Shelly nach Italien, wo er am 8. Juli 1822 bei einem Segeltörn in der Bucht von Livorno ums Leben kam. Tage später wurde seine Leiche bei Viareggio an Land gespült. Seine Freunde – unter ihnen Lord Byron – verbrannten seine sterblichen Überreste am Strand. Shelleys Asche wurde auf dem protestantischen Friedhof von Rom beigesetzt.

Vor der Einäscherung wurde Shelleys Herz entnommen, das nun auf dem Friedhof der St. Peter's Church im südenglischen Bournemouth ruht. Auch seine Frau ist dort bestattet worden.

Ein Jahrhundert nach Shelley lebte der amerikanischstämmige Dichter T. S. Eliot in der West Street Nr. 31; auch dieses Haus ist erhalten.

Das Shelley Theatre at the Thamesside Court Garden erinnert an den Dichter und seine Verbindung zur Stadt.

Der Pub The George and Dragon wird gerühmt für seine gute Küche, und die Taverne Two Brewers lohnt ebenfalls einen Besuch; beide befinden sich hinter der All Saints Church im Ortszentrum nahe der Brücke.

→ Tourist Information: Marlow, 31 High Street, Tel. 01628-483597
Stag and Huntsman, Hambleden, Tel. 01491-571227
Flowerpot, Aston, Tel. 01491-574721
The Compleat Angler, Marlow, Tel. 0870-4008100

10 Von Marlow nach Maidenhead

Auf dem Themse-Pfad 11,4 km – Der Wilde Wald – Kenneth Grahame in Cookham Dean – Eine Floßregatta in Bourne End – Der Maler Stanley Spencer – Ein Duell in Cliveden Court – Die Profumo-Affäre – Ehebrecher in Maidenhead

Nach Unterquerung der A 404 stoßen wir kurze Zeit später auf Gibraltar Island. Hier breitet sich auf der rechten Flußseite Quarry Wood aus, jener »Wilde Wald« aus Grahames *Wind in den Weiden*. »›Und was ist das da drüben?‹, fragte der Maulwurf. Er wedelte mit einer seiner Pfoten dorthin, wo ein dunkler bewaldeter Hintergrund die sumpfigen Wiesen auf der anderen Seite des Flusses einrahmte. ›Das? Och, das ist nur der Wilde Wald‹, sagte die Ratte kurz angebunden. Wir Leute vom Fluß gehen da nicht so oft hin. Hinter dem Wilden Wald kommt die weite Welt und die geht uns nichts an, dich nicht und mich auch nicht.«

Percy Bysshe Shelley hat das Wäldchen in seinem Epos *Die Empörung des Islam* beschrieben.

Ein wenig südlich liegt der Weiler Cookham Dean, wo Kenneth Grahame seine Kindertage verbrachte. Geboren wurde er am 8. März 1859 im schottischen Edinburgh. Im Alter von fünf Jahren kam Grahame nach dem frühen Tod seiner Eltern in die Obhut der Großmutter, die im weitläufigen Haus The Mount fortan für ihren Enkel sorgte. Im Garten stand eine 300 Jahre alte Eiche, und der Rasen fiel sanft zum Fluß ab. Der kleine Grahame konnte ungehindert durch die Gegend stromern, entlang der Wiesen an den Ufern der Themse und durch den Quarry Wood. Mit neun Jahren kam er nach Oxford in die renommierte St.

Edward's School, verließ sie 1876 und arbeite sich in Windeseile von einem kleinen Bankangestellten zum Sekretär der Bank of England hoch. 1899 heiratete er Elspeth Thomson, und ein Jahr später wurde ihr Sohn Alistair geboren. 1906 zogen die Grahames zurück in die Gegend von Crookham Dean, kauften das Haus The Hillyers und wenig später das größere, reetgedeckte Mayfield, das Grahame als ein »Idyll aus roten Ziegeln inmitten von Ulmen und Butterblumen« beschrieb. Hier beendete er 1908 *Wind in den Weiden.* »Ich sollte mich nicht wundern«, notierte er über jene Tage, »wenn ich mich selbst als kleinen Knirps von fünf Jahren plötzlich um die Ecke biegen sehen würde. Ich kann mich an alles erinnern, was ich damals fühlte.«

Ein Stückchen weiter macht der Fluß eine scharfe Biegung, dann ist auch schon Bourne End erreicht. Vor der Eisenbahnbrücke befindet sich am rechten Ufer der Pub Bounty, der nur während der Sommermonate geöffnet und nur zu Fuß erreichbar ist. Alljährlich findet in Bourne End am letzten Samstag im Juli eine Floßregatta statt, die sich am besten von der Kneipe aus beobachten läßt.

Von 1929 bis 1947 lebte die weltbekannte Kinderbuchautorin Enid Blyton im Old Thatch Cottage: »Es ist perfekt, sowohl innen wie außen, wie ein Elfenmärchenhaus und nur drei Minuten vom Fluß entfernt. Der ganze Platz verströmt liebliche Gefühle, ist freundlich und einladend.« Das Haus und die Umgebung hat sie oft in ihren Büchern beschrieben.

In dem Herrensitz Bourne End verlebte Benjamin Disraeli (1804-1881), Schriftsteller und Premierminister Königin Victorias, seine Kindertage. 1929 kaufte der Krimi-Autor Edgar Wallace das auf einem Hügel oberhalb des Dorfes liegend Haus Chalklands und verfaßte hier einige seiner Kriminalromane. Lange konnte er sich an seinem Domizil allerdings nicht freuen, im Winter 1932 starb er erst 57jährig in Hollywood an den Folgen einer Lungenentzündung.

Nur noch wenige Minuten Fahrt, und der kleine Ort Cookham ist erreicht.

Cookham ist ein pittoreskes Dörfchen mit einer Furt, einem begrünten Dorfplatz und kleinen Cottages aus roten Ziegelsteinen. Hier wurde 1891 der Maler Sir Stanley Spencer geboren. In seinem »Dorf des Himmels«, wie er es nannte, befindet sich in der High Street eine kleine säkularisierte Methodistenkapelle mit der Stanley Spencer Gallery, in der ein Großteil seines Werkes und andere Memorabilien zu besichtigen sind. Nahebei steht das Haus Fernlea, in dem Spencer geboren wurde und zeit seines Lebens wohnte. Spencer war derart angetan von seinem Cookham, daß seine Kollegen der Londoner Slade Art School ihm den Spitznamen »Cookham« gegeben hatten. Im Dorf war es ein vertrautes Motiv, wie der exzentrische Spencer einen ausrangierten Kinderwagen mit seinen Malutensilien durch die Straßen schob und nach malenswerten Szenerien Ausschau hielt. Wenn er dann bei der Arbeit war, so hatte er neben seiner Staffelei ein großes Schild aufgestellt: »Mr. Spencer nimmt es dankbar zur Kenntnis, wenn Besucher so freundlich sind, seine Aufmerksamkeit nicht von der Arbeit abzulenken.« 1959 wurde er geadelt, starb 68jährig im selben Jahr am 14. Dezember und fand seine letzte Ruhestätte natürlich auf dem Kirchhof von Cookham.

Im Ortszentrum liegt an der Straße The Pound der 150 Jahre alte Pub The Old Swan Uppers, dessen Name auf das Swan Upping (siehe Sunbury) zurückgeht. Die Bar Meals sind gut, noch besser sind die À-la-carte-Menus im Restaurant. Außerdem gibt es sechs komfortable Gästezimmer. Auf ein Bier einkehren kann man auch im Ferry Inn am Südende der Cookham Bridge, die 1867 erbaut wurde.

Unterhalb von Cookham liegt Formosa Island, die größte Insel in der Themse. Gegenüber der Südspitze des Eilandes ragt auf der linken Flußseite Cliveden Court auf; das kurze schnurgerade Stück Strom hier heißt Cliveden Reach. Jerome notierte: »Der Wald von Cliveden trug noch sein elegantes Frühlingskleid: In einer ausgedehnten Symphonie aus frischen Grüntönen zog er sich vom Wasser die Hügel hinauf. In seiner ungetrübten Schönheit ist dies vielleicht das herrlichste Stück des gesamten Flusses und wir bewegten unser Boot nur ungern aus seiner friedvollen Stille.«

Friedvolle Stille allerdings herrschte wohl nie in Cliveden Court, wo sich über die Jahrhunderte hinweg immer wieder gar Arges zutrug.

Das ursprüngliche Herrenhaus wurde in den 60er Jahren des 17. Jahrhunderts für Georges Villiers, den zweiten Duke of Buckingham, (1628-1687) erbaut. Der focht am 16. Januar 1668 ein Duell aus, an dem gleich sechs Personen beteiligt waren: George Villiers sowie seine Freunde Sir Robert Holmes und Captain William Jenkins; auf der anderen Seite standen Francis Talbot, elfter Earl of Shrewsbury und dessen Gefolgsleute Sir John Talbot und Bernard Howard. Francis und John Talbot sowie William Jenkins wurden getötet, alle anderen verließen den Kampfplatz mit Verletzungen. Der Diarist Samuel Pepys notierte in seinem Tagebuch: »Sie trafen sich gestern, Lord Shrewsbury wurde in den Körper getroffen, von der rechten Brust bis in die Schulter, Sir John Talbot auf der gesamten Länge eines Armes, Jenkins traf der Tod auf dem Platz, und der Rest wurde verwundet.« Der Grund für das Duell war

Anna Maria, Countess of Shrewsbury, die eine Affäre mit Villiers hatte. Ihr Mann war dahintergekommen und forderte Genugtuung. Während des Duells hielt die Countess die Zügel von Villiers Pferd und sah zu, wie ihr Mann von ihrem Liebhaber getötet wurde.

1795 brannte Cliveden Court nieder, wurde wieder aufgebaut und stand wenige Jahre später erneut in Flammen. Der Architekt Charles Barrie (1797-1860) – der auch für die Houses of Parliament in London verantwortlich zeichnete – hat das heutige Gebäude gebaut, das in der Mitte des 19. Jahrhunderts fertiggestellt wurde. Queen Victoria war oft zu Besuch und lobte das Haus und den Ausblick von dort in den höchsten Tönen. 1893 übernahm die amerikanische Milliardärsfamilie Astor das Anwesen und ließ es noch einmal großflächig an- und umbauen. Waldorf Astor heiratete 1906 seine Landsmännin Nancy Witcher Longhorne, und Cliveden Court wurde zu einem gesellschaftlichen Mittelpunkt der britischen Upper Class. 1919 wurde Lady Nancy Astor ins Parlament gewählt, sie war damit die erste weibliche Abgeordnete des Unterhauses. In Cliveden trafen sich die intellektuellen und politischen Größen: George Bernard Shaw, Henry James, Hilaire Belloc, Charlie Chaplin, Lawrence von Arabien, Winston Churchill, Franklin D. Roosevelt, Harold Macmillan und viele mehr.

Nancy Astor und Winston Churchill – obwohl beide in derselben Partei – haßten einander; sie war eine seiner schärfsten Kritikerinnen. Bei einem offiziellen Abendessen stänkerte sie einmal: »Winston, wenn ich Ihre Frau wäre, würde ich Ihnen Gift in die Suppe tun.« Churchill antwortete schlagfertig: »Nancy, wenn ich Ihr Mann wäre, ich würde sie essen.«

1966 fiel das Anwesen an den National Trust, der das Haus

in ein Hotel umwandelte. Teile von Cliveden Court sind zu besichtigen. Die Nobelherberge ist von einem 375 Morgen großen Park umgeben.

Nördlich von Cliveden steht am Ufer der Themse das Spring Cottage, von wo aus Anfang der 60er Jahre die Profumo-Affäre ihren Ausgang nahm. Lord Astor hatte das Häuschen an einen Londoner Arzt namens Stephen Ward vermietet, der hier für die Reichen, Schönen und Mächtigen geheime Stelldicheins organisierte. Dazu gehörte auch John Profumo, verheirateter konservativer Abgeordneter und Verteidigungsminister. Er hatte eine Affäre mit dem Model Christine Keeler, die gleichzeitig auch mit dem russischen Marine-Attaché Jewgeni Ivanov intim war. Die Affäre wurde zu einem Spionageskandal, der die Regierung von Premierminister Macmillan zu Fall brachte.

Über den Cliveden Reach genannten Flußabschnitt geht es nun vorbei an Boulter's Island und durch Boulter's Lock hindurch. Boulter ist eine alte englische Bezeichnung für einen »Müller«, und auf Boulter's Island hat es seit den Tagen der Römer eine Mühle gegeben.

Kurze Zeit später fahren wir in Maidenhead ein, für das Jerome starke Worte fand: »Maidenhead ist zu aufgeblasen, um erfreulich zu sein. Es ist ein Tummelplatz der Fluß-Snobs und ihrer aufgetakelten Begleiterinnen. Es ist die Stadt der geschniegelten Hotels, in denen vorwiegend Lackaffen und Revuegirls absteigen. Es ist eine Hexenküche, aus der die Plagegeister des Flusses hervorkommen – die Ausflugsdampfer. Der typische London Journal-Herzog pflegt ein ›kleines Domizil‹ in Maidenhead zu besitzen, und die Heldin dreibändiger Romane speist hier, wenn sie sich mit dem Gatten einer anderen einen netten Abend macht.«

Im ausgehenden 19. Jahrhundert war Maidenhead die Spielwiese für Londoner Herzensbrecher und ein geeigneter Ort für Seitensprünge. »Sind Sie verheiratet oder leben Sie in Maidenhead?« wurde damals süffisant gefragt. Wer von London für ein Schäferstündchen anreiste, der mietete sich im Skindles Hotel ein. In der ausgehenden viktorianischen Ära trieben es der Adel und die Oberschicht recht ausschweifend und tobten sich hinter der schützenden Kulisse ihres Standes kräftig aus. Vita Sackville-West hat in ihrem Roman *Schloß Chevron* beschrieben, welche Sorgfalt die Gastgeberin eines geselligen Wochenendes in jener Zeit an den Tag legte, um die Zimmerverteilung ihrer Gäste zu regeln. »Die Verteilung der Gastzimmer war für die Gastgeberin jedesmal ein besonderes Problem. Man mußte unbedingt taktvoll sein und die notwendige Diskretion wahren. Der professionelle Schürzenjäger war natürlich wütend, wenn er sich in einem Zimmer wiederfand, in dessen unmittelbarer Nachbarschaft Damen mit ihren Ehemännern untergebracht waren. Man mußte es seinen Gästen erleichtern, ohne daß es zu sehr auffiel.« Wenn sich die Besucher nach dem abendlichen Dinner in einem der vielen großen englischen Herrenhäuser – Blenheim Palace, Knole, Longleat, Kingston Lacy, Montacute House und wie sie alle heißen – in ihre Räume begeben hatten und das Licht von den Dienstboten gelöscht worden war, dann huschten alsbald die Schatten über die Flure und verschwanden in fremden Zimmern. Am nächsten Morgen, kurz vor Sonnenaufgang, schlich der Butler durch die Flügel des Hauses und schlug einen Gong an – so konnte später ein jeder wieder aus dem ihm zugewiesenen Zimmer zum Frühstück gehen. Wichtig war, daß der Schein gewahrt und die Regeln geachtet wurden.

Georg Christoph Lichtenberg, der zwei ausgedehnte Englandreisen unternahm, hat mehrfach das Pferderennen von

Maidenhead besucht: »ohnstreitig ein sehenswertes Schauspiel und unmöglich, sich nicht dafür zu interessieren«. Im Mai 1912 machten Leonard Woolf und seine spätere Frau Virginia einen Ausflug von London nach Maidenhead, unternahmen eine Ruderpartie auf dem Strom und speisten in einem einfachen Restaurant am Themse-Ufer. Wie Leonard schrieb, sei das Leben »zwischen Lunch und Mitternacht in einen wunderschönen lebhaften Traum geraten«.

»Wir beeilten uns, Maidenhead hinter uns zu lassen«, schrieb Jerome. Das sollten wir auch tun, denn die Stadt hat eigentlich nichts zu bieten, sieht man vielleicht einmal von der Eisenbahnbrücke ab, die 1839 von Isambard Kingdom Brunel erbaut wurde und deren Arkadenbogen eine Breite von 39 m haben. Sie ist damit die weltweit einzige Ziegelbrücke mit einer solchen Spannweite. In der Londoner National Gallery hängt das berühmte Gemälde von William Turner *Rain, Steam and Speed* (1844); es zeigt die Maidenhead-Eisenbahnbrücke, über die gerade der Great Western Railway Express hinwegdonnert. Im Hintergrund ist die Straßenüberspannung von Maidenhead zu erkennen. Brunel war in jenen Tagen der leitende Ingenieur der Great Western-Eisenbahngesellschaft.

Unterkunft findet man im Thames Riviera Hotel am westlichen Ufer unterhalb der Brücke, die offizielle Adresse lautet demzufolge auch »At the Bridge«. Die Herberge bietet insgesamt 52 Zimmer. Wesentlich preiswerter ist das Thames Hotel oberhalb der Brücke direkt am Themse-Pfad, das über 33 Zimmer verfügt.

→ Tourist Information: Maidenhead Library, St. Ives Road, Tel. 01628-796502

Von Maidenhead bis Windsor verläuft über 11,6 km der Jubilee River, oder auch Flood Relief Channel, nördlich und parallel zur Themse. Dies ist ein Überflutungskanal, in den das hier jährlich auftretende Hochwasser abfließen kann. Die Themse und der Jubilee River können pro Sekunde 514 Kubikmeter Wasser aufnehmen, was bedeutend mehr ist, als die große Flut von 1947 mit sich brachte. Drei Wehre kontrollieren den Kanal bei Hochwasser. Erstmals machte sich der künstliche Durchstich bei einem Hochwasser im Jahr 2002 bezahlt.

➜ Stanley Spencer Gallery, Cookham, High Street, Ostern-Okt. tgl. 10.30-17.30, Nov.-Ostern tgl. 11-16.30 Uhr
The Old Swan Uppers, Cookham, The Pound, Tel. 01865-521324
Cliveden Court Hotel, Tel. 01628-668561, Teile des Hotels sind von April bis Oktober donnerstags und samstags von 15-17.30 Uhr zu besichtigen. Der 375 Morgen große Park ist ganzjährig geöffnet.
Thames Riviera Hotel, Maidenhead, Tel. 01628-674057
Thames Hotel, Maidenhead, Ray Mead Road, Tel. 01628-674057

11 Von Maidenhead nach Windsor

Auf dem Themse-Pfad 10,5 km – The Vicar of Bray – Rebecca West und H. G. Wells auf Monkey Island – Die erste Ananas in Dorney Court – Die Queen in Windsor Castle – Schüler in Eton College

Einen Steinwurf nur von Maidenhead entfernt liegt am rechten Ufer der Weiler Bray. An Bray Lock versah in den 50er und 60er Jahren ein gewisser Mr. Baldwin seinen Dienst, der mehrfach den ersten Preis der Thames Conservancy für seinen Garten bekommen hat. Damals fuhren alljährlich Vertreter der Behörde den Fluß aufwärts und kürten den schönsten Garten der Schleusenwärter. Leider gibt es diesen schönen Brauch nicht mehr. Aber die Schleusenwärter pflegen noch immer liebevoll ihre kleinen Gärten rund um das Wohnhaus und die Schleuse.

Das Lied *The Vicar of Bray* ist in ganz England bekannt. Es wurde von einem anonymen Autor um 1720 geschrieben und handelt von dem Pfarrer von Bray, der in 48 Jahren Seelsorge ein halbes Dutzend Könige erlebt und in unruhigen Zeiten klug genug war, sein Mäntelchen immer nach dem Wind zu hängen. Die Kirche, in der besagter Vikar gepredigt hat, steht noch immer. Das Gotteshaus stammt aus dem 13. Jahrhundert und kann über ein aus Ziegeln erbautes Torhaus erreicht werden.

Bray hat ein exzellentes Restaurant, das Waterside Inn. Der Michelin hat der Küche drei Sterne verliehen. Im Pub Hind's Head Hotel geht es wesentlich preiswerter zu. Die Kneipe ist ein anheimelnder Ort aus dem 16. Jahrhundert.

Ein kurzes Stück flußabwärts von Bray liegt Monkey Island mit dem gleichnamigen Hotel. Seit 1956 ist die Insel, die man bis dahin nur mit einem Boot erreichen konnte, auch über eine Brücke zugänglich. Angeblich hat die Insel ihren Namen von den Deckengemälden des Pavillons bekommen, die Affen zeigen. In früheren Zeiten war die Insel als Monks Eyot (Eyot ist ein altes englisches Wort für Insel) bekannt. Der Name geht also wahrscheinlich eher auf die Mönche (Monks) der einst nahe gelegenen, seit 1197 bezeugten Merton Priory zurück, die das Eiland als Ausgangspunkt für ihre Fischzüge nutzten. 1723 kaufte ein gewisser Charles Spencer das Gebäude, das 1840 zu einem Hotel umgebaut wurde. Der verheiratete H. G. Wells (1866-1946), Erfinder der *Zeitmaschine*, und die in Irland geborene Autorin, Journalistin und Frauenrechtlerin Rebecca West (1892-1983) nutzten das Haus häufig als Liebesrefugium. Die Insel hat West in ihrem Roman *The Return of the Soldier* (1918) beschrieben und darin auch H. G. Wells kurz skizziert. »Ein kleiner Mann mit blitzenden blauen Augen, mit einer geröteten und zerknitterten Stirn und einem kleinen grauen Schnurrbart, der ihm das Aussehen einer liebenswürdigen Katze verleiht.« Nachdem sie Wells kennengelernt hatte, schrieb sie an einen Freund: »Für mich ist er einer der interessantesten Männer, denen ich je begegnet bin.« Und Wells fand offensichtlich ihre »seltsame Mischung aus Reife und Kindlichkeit« äußerst anziehend. Rebecca West war zu jener Zeit 21 Jahre alt, Wells 26 Jahre älter. Von 1913 bis 1923 währte die schwierige Beziehung zwischen Panther und Jaguar (so die Kosenamen von West und Wells). Der gemeinsame Sohn Anthony hat sie in seinem Buch *Aspects of Life* beschrieben. Rebecca West hieß eigentlich Cecily Izabel Fairfield und hatte ihr Pseudonym nach dem Namen der emanzipierten Protagonistin in Ibsens Tragödie *Rosmersholm* gewählt. In der Nazi-Zeit standen ihre Bücher in Deutschland auf dem Index, da Goebbels sie aufgrund ihres Vornamens für eine Jüdin hielt. Berühmt geworden ist Rebecca West mit ihren Artikeln und Berichten über die Nürnberger Prozesse.

Ein kurzes Stück hinter Monkey Island unterqueren wir die Summerleaze Footbridge, von der ein Pfad – der Barge Path – vom linken Ufer zu Dorney Court führt. Seit etwa 1440 gehört das stattliche Tudor-Anwesen der Palmer-Familie. 1669 heiratete Barbara Villiers (1641-1709) Roger Palmer und wurde damit Herrin auf Dorney Court. Da war sie schon seit neun Jahren die Mätresse von König Karl II. Der Ehegatte wurde vom Herrscher sehr bald zum Earl of Castlemaine ernannt. Die lange Affäre war kein Geheimnis in der Öffentlichkeit.

Der Gärtner von Dorney Court übrigens pflanzte die erste Ananas in Großbritannien und präsentierte die Frucht Karl II. im Jahr 1661. In Erinnerung daran befindet sich in der Großen Halle eine aus Stein gehauene Ananas. Dorney bedeutet »Insel der Bienen«, und noch heute wird hier ein weithin bekannter Honig produziert.

Ein Stückchen weiter südlich, an der rechten Flußseite gelegen, finden wir Oakley Court, das Sir Richard Hall Say 1859 im neogotischen Stil errichten ließ. Während des Zweiten Weltkriegs war in dem Haus das Hauptquartier der französischen Resistance untergebracht, und General Charles de Gaulle hatte in dem stattlichen Gebäude sein Schlaf- und Arbeitszimmer.

Bis Ende der 70er Jahre des 20. Jahrhunderts drehte die Filmgesellschaft Southern Pictures hier und auf den dazugehörigen Ländereien rund 200 Filme, darunter die *Rocky Horror Picture Show* und *Dracula*. 1979 begann der Umbau zu einem Hotel, das am 7. November 1981 eröffnet wurde. Es verfügt über 85 Zimmer, acht Suiten, ein preisge-

kröntes Restaurant und steht inmitten eines 12 Hektar großen Parks, in dem es einen 9-Loch-Golfplatz gibt.

Und dann fahren wir in Windsor ein, das vollständig von
der riesigen Trutzburg oberhalb der Themse inmitten des
Stadtzentrums eingenommen wird.

Ab dem Jahr 1086 befahl Wilhelm der Eroberer, der zuvor schon den Bau des Towers von London initiiert hatte,
die Festung zu errichten. Die Burg gehörte zu den Vertei-
digungsanlagen, die rund um London angelegt wurden.
Windsor Castle kam dabei besondere Bedeutung zu, da
die Burg den Fluß – eine mögliche Einfallstraße hinein in
die Metropole – kontrollieren konnte. Alle folgenden Herrscher bauten an und modifizierten, doch Windsor Castle,
wie wir es heute sehen, geht auf Georg IV., Wilhelm VI.
und Königin Victoria zurück. In der Regierungszeit dieser
drei Monarchen baute Sir Jeffrey Wyattville (1766-1840)
die Burg um.

Theodor Fontane, der England erstmals 1844 besuchte und
von 1855 bis 1859 hier lebte, war vom »Zauber des imponierenden Schlosses mit seinem noch aus der Zeit Wilhelms des Eroberers herrührenden mächtigen Rundturm«
tief beeindruckt.

Windsor ist weltweit das älteste noch immer genutzte
Schloß und einer der privaten Wohnsitze von Königin Elizabeth. Sie verbringt hier viele Wochenenden. Wenn die
Monarchin vor Ort ist, weht die royale Standarte über
den Dächern. Sie nutzt die prachtvollen Räumlichkeiten
sowohl für private Audienzen als auch für Staatsempfänge.
Neben dem Buckingham Palace in London und dem Palast
von Holyrood in Edinburgh ist Schloß Windsor die dritte
offizielle Residenz der Queen.

Wir betreten das Schloß durch das St. George's Gateway,
umrunden den Middle Tower und schreiten dann durch

einen Mauerdurchlaß auf die North Terrace, von der man einen schönen Blick über die Themse und über Eton hat. Von dieser nördlichen Terrasse gelangt man in die State Apartments, die nur zu offiziellen Anlässen genutzt werden. Am 20. November 1992 brach in der Privatkapelle der Königin ein Brand aus, der schwere Schäden anrichtete. Glücklicherweise konnte bis auf ein Gemälde alles gerettet werden. In diesen Staatsgemächern befinden sich eine große Waffensammlung, erlesenes Mobiliar aus allen Epochen, eindrucksvolle Deckengemälde und Bilder großer Meister wie Rubens, van Dyck, Holbein, Dürer, Kneller, Rembrandt und vielen mehr. In der königlichen Bibliothek hängen Zeichnungen von Michelangelo, da Vinci, Raffael und anderen. Bemerkenswert ist überdies das Queen's Doll House, ein überdimensionales Puppenhaus, das der Architekt Sir Edwin Lutyens gestaltet hat und das bei der Wembley-Ausstellung 1924/25 gezeigt wurde. Es ist 2,4 m lang und 2 m breit, ist vollständig eingerichtet, besitzt funktionierende Sanitäranlagen, elektrische Beleuchtung, Regale voller Bücher und Gemälde damaliger Künstler. Der Bau des Puppenhauses dauerte drei Jahre; 1500 Handwerker waren damit beschäftigt.

Spaziert man nun zum Lower Ward hinunter, so passiert man linker Hand die St. George's Chapel, die ein schönes Beispiel des gotischen Perpendicular-Stils ist. Sie war Schauplatz vieler königlicher Hochzeiten; zuletzt wurden hier 2005 Prinz Charles und Camilla Parker Bowles getraut. Der Bau der Kapelle wurde unter Edward IV. begonnen und nach 51 Jahren in der Regierungszeit von Heinrich VIII. beendet. Auch einige Herrscher fanden hier ihre letzte Ruhestätte, darunter Eduard IV., Heinrich VIII. mit seiner letzten Ehefrau Jane Seymour, der hingerichtete Karl I., Georg V. und Queen Mary sowie Georg VI. Im Jahr 2002

*Die berühmte Wachablösung »Changing of the Guard«
in Windsor Castle*

wurde Elizabeth, die Queen Mum, ebenfalls hier beigesetzt.

Im Lower Ward findet jeden Morgen (außer sonntags) um 11 Uhr die Wachablösung »Changing of the Guard« statt.

Verspürt man nach der Besichtigung Hunger oder Durst, so sollte man in der Windsor Royal Station, dem königlichen Bahnhof des Städtchens, an der Thames Street gegenüber vom Schloß einkehren. In dem umfassend restaurierten Gebäude befinden sich Restaurants, Cafés und schmucke kleine Läden mit Kunsthandwerk. Auch Züge fahren hier noch von einem Bahnsteig ab. Der Bahnhof wurde 1897 zu Königin Victorias 60jährigem Thronjubiläum errichtet.

Gegenüber von Henry VIII Gate beginnt die katzenkopfgepflasterte Church Street, das alte Marktareal von Windsor. In dieser Straße lebte die Schauspielerin Nell Gwyn (1650-1687), die berühmteste aller 17 Mätressen von Karl II. Das Haus ist durch eine Plakette kenntlich gemacht.

Ebenfalls in der Church Street befindet sich der älteste Pub von Windsor, The Old King's Head. 1648 trafen sich hier die Anhänger des Parlaments, klagten Karl I. an und verurteilten ihn zum Tode. Eine Kopie dieses Hinrichtungsbefehls befindet sich an der Wand der Kneipe, der ein Restaurant angeschlossen ist.

In der High Street, der Hauptstraße von Windsor, finden wir die Guildhall, die Sir Christopher Wren 1713 errichten ließ. Die Säulen ließ Wren nachträglich einbauen, da die Bürger von Windsor behaupteten, daß die Statik der Guildhall falsch ausgelegt sei und das Gebäude zusammenstürzen würde. Wren wurde nicht müde, die Sicherheit seiner Konstruktion zu erklären, doch die Bürger der Stadt stellten sich taub. Also setzte er sechs Säulen ein, die aber wenige Zentimeter unter dem Portikus enden!

Im großen White Hart Hotel erholte sich Charles Dickens im November 1848 zwei Wochen nach einer Operation. Spaziert der Besucher von der Guildhall die High Street und ihre Verlängerung Thames Street abwärts vorbei am Theatre Royal, so gelangt er an das Ufer der Themse, überquert diese auf der 1824 eröffneten Fußgängerbrücke Windsor Bridge und erreicht Eton. Eton ist weltbekannt für seine Privatschule, die traditionell die Thronfolger und die zukünftige englische Führungsschicht ausbildet. Die Eton High Street mit ihren Galerien, Antiquariaten, Buchläden, kleinen Geschäften, Pubs und Restaurants bringt uns zu den Gebäuden von Eton College. Die Schule wurde 1440 von Heinrich VI. für damals 70 arme Knaben gegründet, die nach der Schulerziehung dann im ebenfalls vom Herrscher ins Leben gerufenen King's College in Cambridge studieren sollten. Heute lernen an Großbritanniens renommiertester Privatschule rund 1300 Schüler im Alter von 13 bis 18 Jahren. Um sie kümmern sich fast 150 Lehrer. Schon der *Robinson Crusoe*-Autor Daniel Defoe erklärte, »daß Eton die beste Schule in Großbritannien« sei, »vielleicht sogar die beste in Europa«. 19 Premierminister erhielten hier ihren intellektuellen Schliff, darunter der erste, Robert Walpole, später dann der erzreaktionäre Duke of Wellington, Sieger der Schlacht von Waterloo, weiter Harold Macmillan, Alec Douglas-Hume und viele mehr. Aldous Huxley war hier Lehrer, ebenso David Cornfield, der bekannter unter seinem Pseudonym John Le Carré ist.

Percy Bysshe Shelley wurde 1804 ein Etonian und litt, wie sein Freund Peacock berichtete, unter den älterern Mitschülern, die ihn drangsalierten und als »verrückten Atheisten« beschimpften. So erinnerte sich Shelley nur mit Abscheu an seine Schulzeit. Seine Frau Mary Wollstonecraft hat die Leiden ihres Mannes in dem Roman *Lodore* (1835) literarisch verarbeitet. Henry Fielding wurde 1720 Schüler des College »auf den Gefilden, wo die helle, sanft wallende Themse an Etons Ufer spielt« und »wo die großen unerschöpflichen Reichtümer seit der Antike aufgehäuft sind« – so hat er die Schule in *Tom Jones* beschrieben.

1727 kam Horace Walpole nach Eton. Er begründete mit seinem Roman *Die Burg von Otranto* die Schauerromantik. George Orwell ging ebenfalls in Eton zur Schule – für ihn waren dies Jahre »der Gewalt, des Betrugs und der Heimlichkeiten«. Charles Algernon Swinburne kam Mitte des 19. Jahrhunderts nach Eton und wurde wegen seiner kleinen Statur und seines übergroßen Kopfs von seinen Mitschülern gehänselt. Er verließ die Schule ohne Abschluß. Aldous Huxley wurde 1908 Etonian und litt unter »unerträglicher Vereinsamung«. Auch E. M. Forster, der 1924 sein mehrfach verfilmtes Meisterwerk *Auf der Suche nach Indien* publizierte, und Ian Fleming, der Erfinder des James Bond, drückten in dem traditionsreichen College die Schulbank.

Im August 1827 besuchte Hermann Fürst von Pückler-Muskau Eton College und schrieb nach Hause, die alte Erziehungsanstalt sei »äußerlich ein weitläufiges und schönes gotisches Gebäude mit einer dazugehörigen Kirche, innerlich von einer Einfachheit, die kaum von unseren Dorfschulen übertroffen werden kann. Weiße, kahle Wände, hölzerne Bänke und darin die eingegrabenen Namen der Schüler, die hier studierten.«

Alljährlich am Samstag nach dem 4. Juni, dem Geburtstag von Georg III., findet das Eton College Festival statt. Die Schule ehrt damit den einstigen König, der oft von Windsor Castle nach Eton kam, mit den Schülern ein Schwätzchen hielt und Schirmherr der Schule war. Angetan in historischen Gewändern, unternehmen die Schüler an die-

Speisesaal des berühmten Eton College

sem Tag eine Bootsprozession auf der Themse. Im Alltag tragen alle Etonians noch immer einen schwarzen Frack, wie er erstmals bei der Beerdigung von Georg III. getragen wurde.

Bei Windsor liegt übrigens auch die berühmteste Pferde-rennstrecke der Welt: Ascot. Das alljährliche Derby im Juni ist neben der Henley-Regatta das herausragende gesellschaftliche Ereignis des englischen Hoch- und Geldadels. 1711 kam Queen Anne bei einem Ausritt von Windsor Castle an eine Stelle, die sie ideal geeignet fand »for horses to gallop at full stretch«. Schon wenige Monate später, am 11. August, fand das erste Rennen statt, und der Sieger wurde mit Her Majesty's Plate geehrt.

➜ Windsor & Eton Tourist Information: 24 High Street, Tel. 01753-743900
Waterside Inn Restaurant, Bray, Tel. 01628-620691
Monkey Island Hotel, Tel. 01628-823400
Dorney Court, täglich im August außer samstags von 13.30 bis 16 Uhr
Oakley Court Hotel, bei Windsor, Windsor Road, Tel. 01753-609988
Windsor Castle, März-Okt. tgl. 9.45-17.15, Nov.-Febr. tgl. 9.45-16.15 Uhr.
Die State Apartments sind bei offiziellen Anlässen sowie beim Aufenthalt der Königin in Windsor geschlossen.
Das Tourist Office in Windsor organisiert von Mai bis Oktober geführte Touren durch Eton College. Die Schulkapelle, eine Kopie des Gotteshauses von King's College in Cambridge, der katzenkopfgepflasterte Schulhof, den man durch das Gebäude der Upper School betritt, und der Kreuzgang sind von 10.30 bis 12.30 Uhr und von 14 bis 17 Uhr in den Schulferien geöffnet. Wenn man Glück hat, führen auch manchmal die Etonians selbst Besucher durch ihre Schule.

12   Von Windsor nach Runnymede

Auf dem Themse-Pfad 13 km – Die lustigen Weiber von Windsor – Die Astronomen Friedrich Wilhelm und Caroline Herschel – Die Unterzeichnung der Magna Charta in Runnymede

Östlich von Windsor liegt auf der gegenüberliegenden Flußseite der Weiler Datchet. Hier siedelte Shakespeare eine Szene seiner *Lustigen Weiber von Windsor* an. Der vertrottelte Falstaff muß sich vor den Nachstellungen eines vermeintlich gehörnten Ehemannes in einem Wäschekorb verstecken und wird darin in die Themse geworfen: »Euer Mann wird gleich zur Stelle sein; denkt wie Ihr ihn [Falstaff] fortschafft. Seht, hier steht ein Korb; wenn er nur irgendwie von gescheiter Statur ist, kann er hier hineinkriechen; und dann werft schmutzige Wäsche auf ihn, als ginge es zum Einweichen; schickt ihn durch eure zwei Knechte auf die Datchet-Wiese.« In der nächsten Szene lamentiert Falstaff: »Mußte ich das erleben, daß man mich in einem Waschkorb wegtrug wie eine Tracht Kaldaunen vom Metzger und mich in die Themse warf. Die Schurken schmissen mich in den Fluß und machten nicht mehr Umstände, als hätten sie die blinden Jungen einer Hündin ersäuft; und man kann mir's an meiner Statur ansehen, daß ich eine gewisse Behendigkeit im Untersinken habe; wäre der Grund so tief wie die Hölle, ich müßte hinunter. Ich wäre ertrunken, wäre nicht das Ufer seicht und sandig gewesen.« Seicht und sandig ist die Themse hier noch heute.

In Datchet lebte auch Friedrich Wilhelm Herschel (1738-1822), der Begründer der modernen Stellarastronomie, zusammen mit seiner Schwester Lucretia Caroline (1750-

1848). Herschel ging 1757 nach England, war zuerst Musiklehrer in Leeds, dann Organist in Halifax und wurde 1766 Musikdirektor in Bath. Das Studium der mathematischen Theorie der Musik brachte ihn zur Astronomie. Herschel begann mit dem Bau von Teleskopen einer Größe, wie sie bis dahin unbekannt war und beobachtete Nacht für Nacht den Sternenhimmel. Die Entdeckung des Planeten Uranus am 13. März 1781 machte ihn schlagartig bekannt. Herschel benannte den Planeten zu Ehren von König Georg III. »Georgsgestirn«. Der Herrscher setzte ihm eine jährliche Pension aus und erhob ihn in den Adelsstand. Sir William entdeckte 1786 zwei Monde des Uranus und 1790 bzw. 1794 vier weitere Trabanten des Planeten. Mit einem von ihm gebauten, zwölf Meter langen Riesenteleskop fand er zwei Monde des Saturn, forschte über die Milchstraße und entdeckte zudem die Infrarotstrahlung.

Ab 1772 war Herschels Schwester Caroline seine ständige Assistentin. 1783 entdeckte sie drei bis dahin unbekannte Sternennebel und in den weiteren Jahren insgesamt acht Kometen. Nach dem Tod ihres Bruders kehrte sie 1822 nach Hannover zurück, setzte ihre astronomischen Studien fort, erhielt 1828 eine Goldmedaille der Royal Astronomical Society und wurde 1835 zum Ehrenmitglied der Gesellschaft ernannt. Der Planetoid Lucretia wurde nach ihr benannt, ebenso bekam ein Mondkrater in der Sinus Iridium (Regenbogenbucht) ihr zu Ehren den Namen Caroline Herschel.

Während die beiden in Datchet im Satis House lebten und arbeiteten (später zogen sie nach Slough ins Observancy House), wurden sie oft von Georg III. zu abendlichen Soireen nach Windsor eingeladen.

In Datchet zeigt der im 18. Jahrhundert erbaute Pub Morning Star in seiner Bar einige Erinnerungsstücke an Sir William.

Hinter Datchet unterqueren wir die Albert Bridge, über die der Themse-Pfad vom linken auf das rechte Ufer wechselt, und fahren dann in den Old Windsor Lock Cut ein. Dies ist ein weiterer kanalförmiger Durchstich, der 1822 angelegt wurde und mit einer Schleuse bewehrt ist. Die ursprüngliche Themse verläuft in einem großen, nicht schiffbaren Bogen und schließt Ham Island ein. Ein Stückchen weiter liegt unmittelbar am rechten Ufer in Old Windsor – nur durch die Flußuferstraße vom Strom getrennt – der Pub The Bells of Ouzeley. Jerome berichtet: »Das Flußstück bis zur Schleuse von Old Windsor ist ausgesprochen malerisch. Eine beschattete Straße, hier und da mit weißen Landhäuschen betupft, führt das Ufer entlang bis zum Bells of Ouzeley, einem Gasthaus, das, wie die meisten Gasthäuser am oberen Flußlauf, aus einem Bilderbuch zu stammen scheint und in dem man auch noch exzellentes Bier bekommt.« Jeromes Bilderbuch-Pub wurde 1936 abgerissen und durch das heutige gesichtslose Gebäude ersetzt. Schon im 12. Jahrhundert stand an dieser Stelle eine Taverne, die auch Unterkunft anbot. Ihren heutigen Namen erhielt die Kneipe Anfang des 16. Jahrhunderts, als Heinrich VIII. die Klöster schließen ließ. Damals, so heißt es, hängten die Mönche der Oxforder Osney Abbey die fünf Glocken ab, um sie vor den Häschern des Königs in Sicherheit zu bringen. Vor dem Pub liefen die Barken, in denen sie transportiert wurden, auf Grund, die Glocken fielen in den Fluß und wurden nie wiedergefunden.

Von der Kneipe verläuft der Themse-Pfad nun für rund 3 km durch die Wiesen von Runnymede. An schönen Sommertagen kommen Hunderte, wenn nicht Tausende Ausflügler zum Picknick hier ans Ufer.

Als erstes passieren wir – vom Themse-Pfad abgetrennt durch die A 308 – das John F. Kennedy Memorial, das 1965 von den Briten in Erinnerung an den Präsidenten errichtete wurde: »In memoriam of John F. Kennedy, born 19 May 1917, President of the United States, 1961-63, died by an assassin's hand 24 November 1963.« Wenige Meter weiter finden wir das Magna Charta Memorial, das die amerikanische Anwaltsvereinigung 1957 den Briten stiftete »as a tribute to freedom under law«. Hier wurde König Johann 1215 von den englischen Adligen gezwungen, die Magna Charta zu unterschreiben – oder besser sein Siegel darauf zu drücken, denn schreiben konnte der König nicht. Damit gab es Rechtssicherheit für jeden im Lande. Jerome beschreibt anschaulich, wie es damals zugegangen sein muß. Ob König John das Dokument wirklich auf der Magna-Charta-Insel besiegelt hat, wissen wir nicht; der König spricht von den Wiesen von Runnymede: »Given by our Hand in the meadows that is called Runnymede, between Windsor and Staines, on the 15th day of June in the seventeenth year of our reign.«

Jerome aber vermutete wohl richtig: »Meinem Empfinden und meiner Einschätzung nach neige ich jedenfalls eher zu der beliebten Insel-Version. Wäre ich einer der damaligen Barone gewesen, dann hätte ich meine Mitstreiter ganz bestimmt heftig davon zu überzeugen versucht, daß man einen so öligen Kunden wie König John sinnvollerweise auf die Insel verfrachtete, wo er weniger Möglichkeiten für Tricks und Hinterhalte hatte.«

Auf dem Eiland markiert ein Stein in einem gotischen Häuschen die Stelle, an der das angebliche Ereignis stattgefunden haben soll. Die Insel ist in Privatbesitz und nicht zugänglich.

Ein Stückchen weiter südlich ragt der waldbedeckte Cooper's Hill auf. Von seinem leicht zu erreichenden Gipfel bietet sich ein wunderschöner Blick über das geschichtsträchtige Land. Hier befindet sich auch das Commonwealth Airforces Memorial, das 1953 errichtet wurde und die Namen von mehr als 20 000 Luftwaffenangehörigen trägt, die während ihres Einsatzes im Zweiten Weltkrieg getötet oder als verschollen gemeldet wurden.

13 Von Runnymede nach Walton

Auf dem Themse-Pfad 13,2 km – Sir Walter Raleigh – Der Anchor Inn – Oliver Twist in Chertsey – Blanche Heriot und die Curfew Bell – Arthur Koestler in Shepperton – E. M. Forster auf der Suche nach Indien – Julius Cäsar überquert die Themse

Kurz hinter Runnymede unterqueren wir die Autobahnbrücke der M 25. Unmittelbar an der Themse-Überspannung befindet sich das Runnymede Hotel & Spa mit 180 Zimmern. Die Vier-Sterne-Herberge bietet das gute Restaurant Left Bank und die Cafe-Bar Charlie Bell. Es gibt geräumige Fitneßeinrichtungen mit einem Indoor Pool und einer Sauna. Das Hotel hieß einst Angler's Rest Hotel und wurde von dem ersten Schleusenwärter des nahe gelegenen Bell Weir Lock gegründet, Charlie Bell.

Etwas weiter befindet sich ein wenig abseits vom Themse-Pfad der London Stone. Ab 1285 zeigte dieser Stein an, daß von hier aus flußabwärts die Gerichtsbarkeit der City of London galt, bis die rechtliche Oberhoheit 1857 dann an die Thames Conservancy überging. Der jetzige Stein ist eine Kopie, das Original befindet sich in der Stadtbibliothek von Staines, das am linken Ufer liegt.

Auf der rechten Seite der Staines Bridge lohnt ein Besuch der Swan Tavern. Samuel Pepys kehrte hier zwischen 1659 und 1662 oft ein. Gegenüber vom Swan befindet sich das Thames Lodge Hotel aus dem 19. Jahrhundert.

Zweimal die Woche – mittwochs und samstags – wird auf dem Marktplatz Staines' ein Markt abgehalten. Hier befindet sich auch die mit einem Uhrturm geschmückte Town Hall. Im 17. Jahrhundert stand hier die Old Market Hall, die 1603 Schauplatz des Hochverratsprozesses gegen Sir Walter Raleigh war. Die Verhandlung mußte aus London verlegt werden, da dort gerade die Pest wütete. Raleigh wurde beschuldigt, für die Interessen Spaniens gearbeitet und ein Mordkomplott gegen Jakob I. initiiert zu haben. Die Richter verurteilten ihn zum Tode und warfen ihn in den Tower von London; das Urteil wurde jedoch später in lebenslange Haft umgewandelt. 1616 kam Raleigh frei und leitete eine Expedition zum Orinoco auf der Suche nach Goldminen. Das Unterfangen scheiterte, und so wurde er 1618 doch noch hingerichtet.

Der berühmte Architekt Inigo Jones (1573-1652) lebte eine Zeitlang in Staines und erbaute 1631 den Kirchturm von St. Mary's.

Nach kurzer Flußfahrt stoßen wir auf Penton Hook Lock, das 1812 angelegt wurde und mit über 80 m Länge enorme Ausmaße hat. Ein Schild vermeldet an der Schleuse: London 34 Meilen, Oxford 78 Meilen. Die Insel hier heißt Penton Hook Island. Es heißt, daß hier die Toten der Londoner Pestepidemie von 1665 beigesetzt wurden. Samuel Pepys hat diese Epidemie in seinem Tagebuch beschrieben: »Ließ mir die wöchentliche Totenliste geben, darin allein 6978 Pesttote – eine schreckliche Zahl! Zog meinen neuen farbigen Seidenanzug an und meine neue Perücke. Was wohl für eine Mode in Perücken kommt, wenn die Pest vorüber ist? Jetzt wagt niemand Haar zu kaufen aus Angst, es könnte von einer Pestleiche stammen.«

Hinter der Schleuse liegt am linken Ufer dss Dörfchen Laleham mit seinen blumengeschmückten Cottages, einer aus Ziegeln erbauten Kirche und drei Pubs, The Turk's Head, The Feathers und The Three Horseshoes. Die beiden letzteren erwähnt schon Dickens in seinem *Themse Dictionary* und vermeldet für Laleham eine Einwohnerzahl von 566; mehr dürften es auch heute nicht sein. Weiter notiert er, daß der Ort wohlbekannt für seine Fähre sei; damit ist es schon lange vorbei, der Fährbetrieb wurde Mitte des 20. Jahrhunderts eingestellt.

Im Kirchhof des Gotteshauses All Saints ist Matthew Arnold (1822-1888) begraben. Arnold wurde in Laleham geboren, das Geburtshaus steht nicht mehr. 20 Jahre lang hatte der Dichter eine Professur für Poesie in Oxford inne.

Bald ist das Dörfchen Chertsey erreicht, das Dickens in seinem *Dictionary* als eine »old-fashioned country town« bezeichnet. Sein Vater, Charles Dickens, hat hier das 22. Kapitel seines *Oliver Twist* angesiedelt. Darin wird Oliver vom brutalen Bill Sikes gezwungen, in das Haus von Mrs. Maylie einzubrechen. Er wird entdeckt und durch einen Pistolenschuß verwundet. Doch Mrs. Maylie erkennt die Situation des unglücklichen Oliver und nimmt den Jungen auf, der in ihrem Haushalt nun die Liebe und Fürsorge bekommt, die er so lange vermissen mußte.

Chertsey Bridge wurde in den achtziger Jahren des 18. Jahrhunderts erbaut und führt auf sieben Bögen über den Fluß. Direkt an der Überspannung befindet sich das 1996 erbaute Bridge Lodge Hotel. In Chertsey gab es einst eine große Benediktiner-Abtei, die von den Wikingern im 9. Jahrhundert zerstört wurde. Die Mönche bauten sie wieder auf, doch 200 Jahre später schleiften die Truppen von

Heinrich VIII. die Gebäude erneut. Nur noch wenige Ruinen erinnern an die geistliche Stätte. 1471 wurden die sterblichen Überreste des im Londoner Tower ermordeten Heinrich VI. mit einem Boot nach Chertsey gebracht und in der Abtei begraben. 22 Jahre später war seine letzte Ruhestätte zu einem Pilgerort geworden, so daß man seine Leiche exhumierte – und zu seinem Geburtsort, nach Windsor, brachte. Zu seinem Begräbnis dürften schon die Glocken der St. Peter's Church geläutet haben. Die läuten auch heute noch jeden Morgen und jeden Abend. Diese Tradition geht zurück auf frühere Zeiten, in denen die Brandgefahr hoch war. Die Glocken erinnerten die Leute daran, abends die heiße Asche im Ofen mit einem metallenen Hutdeckel abzusichern, damit sie nicht wieder aufflammen konnten. Und morgens forderte das Geläut das Volk auf, den Kamin wieder anzuzünden. Den Hutdeckel nannte man »Curfew« nach dem französischen Wort Couvre-feu, das noch heute Abendgeläut bedeutet.

Eine lokale Legende erzählt von der Zeit der Rosenkriege, als das Haus Lancaster gegen das Haus York um die englische Krone kämpfte. Die schöne Blanche Heriot hatte sich in einen Mann namens Herrick Evenden verliebt, der für die Lancasters kämpfte. Eines Tages konnten ihn die Yorkisten gefangennehmen und verurteilten ihn zum Tod. Bei den Flußwiesen von Chertsey sollte er am nächsten Morgen beim ersten Ton der Glocke gehenkt werden. Währenddessen wurde ein Bote zum König geschickt, der um Gnade für Evenden bitten sollte. Diese wurde gewährt, und der Unterhändler galoppierte zurück. Als er die Fähre von Laleham verließ, brach die Zeit des morgendlichen Geläuts an. Aber nichts war zu hören! Der Bote ritt ins Lager, und Evenden war gerettet. Die Glocke hatte nicht geläutet, weil sich Blanche an den Klöppel geklammert und so jeden Ton verhindert hatte. Ein kleines Denkmal am Südende von Chertsey Bridge, gegenüber vom Bridge Lodge Hotel, zeigt die Heldin.

Etwas weiter flußabwärts liegt Pharao's Island. Diese Themse-Insel war ein Geschenk an Admiral Nelson für die Vernichtung der französischen Flotte vor Abusir (Ägypten). Er bedankte sich artig für die Gabe, soweit man weiß, hat er die Insel jedoch nie in Besitz genommen. Viele Anwesen auf Pharao's Island tragen ägyptische Namen wie Horus House, Echnaton Villa oder Hatshepsut Court. Gegenüber, auf der linken Themse-Seite, liegt das Thames Court Hotel (kein Hotel, sondern ein Pub) kurz vor dem Weiler Shepperton. Nahebei befindet sich Shepperton Lock, das Charles Dickens Vorbild für Plashwater Weir Mill in seinem Roman *Unser gemeinsamer Freund* war.

In Shepperton führt keine Brücke über den Fluß, aber seit mehr als 600 Jahren pendelt eine Fähre von einem Ufer zum anderen. Wanderer auf dem Themse-Pfad müssen dieses Verkehrsmittel nicht unbedingt benutzen, da die einstigen Treidelpfade sowohl am nördlichen als auch am südlichen Flußgestade entlangführen. Im 15. Jahrhundert war die Überfahrt noch kostenlos, heute wird man mit £ 1 zur Kasse gebeten.

Sheppertons berühmtestes Gebäude ist der Anchor Inn am Church Square, im 16. Jahrhundert ein Gasthof, heute ein Hotel mit 29 Zimmern. Über die Jahrhunderte sind dort viele bekannte Leute eingekehrt, so angeblich der berüchtigte Straßenräuber Dick Turpin (1705-1739), der in England legendäre Berühmtheit erlangte. Im Gebälk versteckt fand man eines Tages eine Pistole, die man natürlich prompt diesem Gesetzlosen zuordnete. Admiral Lord Nelson und seine Geliebte Emma Hamilton waren oft vor Ort, und in unserer Zeit sah man dort Richard Burton und Elizabeth Taylor. Im Anchor Inn trifft man auch heute noch viele bekannte Schauspieler. Das liegt daran, daß seit mehr als 70 Jahren in den nahe gelegenen Pinewood Shepperton Studios Kino- und Fernsehfilme gedreht werden. 18 der insgesamt 20 James Bond-Filme wurden hier produziert, weiterhin Streifen wie *Superman* oder *Cleopatra*.

Ruhiger geht es im nahe gelegenen Pub The King's Head zu, der seinen Namen König Karl II. verdankt, der hier mit seiner Mätresse Nell Gwyn oft eingekehrt sein soll.

Unterkunft findet man in Shepperton auch im Ship Hotel in der Russel Road.

Arthur Koestler, der 1905 in Budapest geboren wurde und der sich mit »oe« schrieb, »weil seine Reiseschreibmaschine kein »ö« besaß«, kam 1937 nach Shepperton und mietete hier ein Haus. Dank internationaler Vermittlungen war er aus den Todeszellen des Franco-Regimes freigekommen. In Shepperton schrieb er in wenigen Monaten sein *Spanisches Testament*. Ein Jahr später ging er nach Frankreich, wo er von der Gestapo 1939 verhaftet wurde, aber glücklicherweise aus dem KZ Le Vernet fliehen konnte. Koestler kämpfte im Zweiten Weltkrieg in der Britischen Armee und kaufte sich dann in London ein Haus. 1983 nahm er sich zusammen mit seiner Frau Cynthia das Leben.

An Shepperton schließt sich Lower Halliford an, ein Dörfchen, das mit seinen uralten, über und über mit Blumen geschmückten Cottages »als ein Juwel der Themse« beschrieben wird. Jerome notierte: »Halliford und Shepperton sind da, wo sie den Fluß berühren, ganz hübsche Nester, aber sonst bieten sie nichts Bemerkenswertes.«

Thomas Love Peacock, der uns auf unserer Reise schon mehrfach begegnet ist, kaufte 1822 hier ein an der Themse gelegenes Landhaus, in dem er seine Ferien und Wochenenden verbrachte. Nach seiner Hochzeit verband er das Gebäude mit dem Nachbarhaus und nannte sein Anwesen fortan »Elmbank«. Hier verfaßte er die *Memoirs of Shelley* (1858), und hier starb er am 23. Januar 1866 im Alter von 81 Jahren. Auf dem Kirchhof von Shepperton hat er seine letzte Ruhestätte gefunden. Sein Schwiegersohn, der Schriftsteller George Meredith (1828-1909), der eine sehr unglückliche Ehe mit Peacocks Tochter führte, wohnte gegenüber im Vine Cottage.

An der südlichen Flußseite erstreckt sich das Städtchen Weybridge, das seinen Namen vom Wey bekommen hat, der hier in die Themse mündet. Der Fluß ist eher ein Kanal, denn er war einer der ersten englischen Flüsse, der durch Menschenhand schiffbar gemacht wurde. 1653 fuhren die ersten Lastbarken auf einer Strecke von 24 km von Weybridge ins südlich gelegene Guildford. 1764 hatte man den Wey um weitere 6 km bis Godalming verlängert. Auf dem Wey kann man noch immer bis Guildford schippern.

Weybridges Nobelherberge ist mit 134 Zimmern das Oatlands Park Hotel am Oatlands Drive. Es liegt in einem vier Hektar großen Park. Das ursprüngliche Gebäude ließ Heinrich VIII. als Palast für seine vierte Frau, Anna von Kleve, erbauen, doch die hielt sich nie dort auf. Ihre Nachfolgerin, Catherine Howard, hingegen fand das Schloß hinreißend, und so heiratete der König sie in der Kapelle von Oatlands Park. Auch Elizabeth I., Jakob I. und Karl I. schätzten das Anwesen und suchten es gern und oft auf.

1902 kaufte E. M. Forster (1879-1970) zusammen mit seiner Mutter das Haus Harnham am Monument Green von Weybridge; hier entstand sein Meisterwerk *Auf der Suche nach Indien* (1924).

Die Fahrt von Weybridge/Shepperton weiter nach Walton führt durch den 1935 gegrabenen Desborough Cut. Zwar

kann man auch im ursprünglichen mäandrierenden Fluß-
bett navigieren, doch durch den kanalförmigen Durchstich
verkürzt sich die Reise ein wenig. Benannt wurde er nach
Lord Desborough, der von 1904 bis 1937 Vorsitzender
der Thames Conservancy war.

»Wir ruderten nach Walton, einer ziemlich großen Ge-
meinde für eine Ortschaft am Fluß«, notiert Jerome. Und
teilt uns dann eine Kuriosität mit: »In der Kirche von Walton gibt es einen eisernen ›Keifzaum‹. In früheren Zeiten
benutzte man diese Dinger, um weiblichen Zungen Zu-
rückhaltung aufzuerlegen. Inzwischen hat man derartige
Versuche aufgegeben. Ich vermute, das Eisen wurde knapp,
und alles andere war nicht stabil genug.«

Das Original aus dem 17. Jahrhundert wurde 1965 gestoh-
len, eine Kopie soll sich jetzt wieder in der Sakristei von St.
Mary's befinden. Dickens erwähnt den Keifzaum in seinem *Dictionary* und schreibt, daß er der Kirche von einem
Mann namens Chester übergeben wurde, der sein Vermögen aufgrund einer schwatzhaften, lügenerzählenden Frau
verloren hatte. Ein Spruch war in die Kandare eingraviert:
»Chester presents Walton with a bridle / To curb women's
tongue that talk too idle.«

Jerome läßt sich auch über Julius Cäsar in Walton aus:
»Cäsar hatte natürlich eine kleine Absteige in Walton, ein
Feldlager oder eine Schanzanlage oder etwas in der Art.
[...] Bei den ›Pfählen von Corway‹, der ersten Flußbiegung
hinter der Brücke von Walton, fand eine Schlacht zwischen
Cäsar und Cassivelaunus statt. Cassivelaunus hatte den
Fluß für Cäsar präpariert, indem er lauter Pfähle ins Fluß-
bett rammen ließ, doch Cäsar überquerte den Fluß trotz-
dem.«

Im Juli des Jahres 54 v. Chr. war Cäsar mit fünf Legionen
(etwa 30 000 Mann) und 2000 Reitern in Kent gelandet,

hatte beim heutigen Walton die Themse überquert und die Truppen von Cassivelaunus, König oder Häuptling des keltischen Stammes der Catuvellauni, vernichtend geschlagen. Cassivelaunus mußte fortan Tribut zahlen und Geiseln an die Römer übergeben.

Dickens notierte in seinem *Themse-Dictionary* von 1887 eine Einwohnerzahl von 6050 und beschrieb den Ort als »umgeben von einer Aura primitiver Einfachheit«. Einen Steinwurf flußabwärts von Walton Bridge liegt direkt am Ufer und am Themse-Pfad der mit roten Schindeln gedeckte, weiße Fachwerk-Pub The Swan. Nur wenige Schritte weiter finden wir die Kneipe The Angler's Inn mit einem Restaurant im ersten Stock.

Francis Henry Durbridge, dessen Kriminalroman *The Scarf* (*Das Halstuch*) 1960 erschien und der in einer Fernsehverfilmung nicht nur in Deutschland ein unerhörter Erfolg war, hatte in dem Haus The Moat in der Silverdale Avenue eine Zweitwohnung, in der er dem Londoner Treiben entfliehen konnte.

→ Runnymede Hotel & Spa, Runnymede, Tel. 01784-436171
Thames Lodge Hotel, an der Staines Bridge, Tel. 0870-4008121
Bridge Lodge Hotel, an der Chertsey Bridge, Tel. 08707-507107
Anchor Inn, Shepperton, Church Square, Tel. 01932-242748
Ship Hotel, Shepperton, Russel Road, Tel. 01932-227320
Oatlands Park Hotel, Weybridge, Oatlands Drive,
Tel. 01932-847242

14 Von Walton nach Hampton Court Palace

Auf dem Themse-Pfad 7,6 km – Swan Upping in Sunbury – Garricks Villa – Kardinal Wolsey und Heinrich VIII. in Hampton Court Palace

Der Themse-Pfad verläuft nun am rechten Flußufer. Kurz vor der Sunbury Schleuse liegt der Pub The Weir, der sich gut für eine Rast eignet.

»Um halb vier kamen wir zur Schleuse von Sunbury. Das Flußstück davor ist ganz besonders schön, und auch das Stauwasser dahinter entzückt das Auge«, schrieb Jerome, und der Eindruck ist heute noch derselbe.

Auf der linken Uferseite liegt der Weiler Sunbury, der von der Kirche St. Mary The Virgin überragt wird. Im Kirchhof steht eine uralte Eibe, es könnte diejenige sein, die Charles Dickens in *Oliver Twist* beschrieben hat: »Als sie an der Sunbury-Kirche vorbeikamen, schlug es sieben Uhr vom Turm. Gegenüber brannte ein Licht hinter einem Fenster, und ein düsterer Eibenbaum davor warf seine trüben, unheimlichen Schatten über einen Grabhügel. Nicht weit davon entfernt brauste dumpf ein Wasserfall, und durch die Blätter des alten Baumes rauschte leise der Abendwind. Es klang wie stille Musik für die Toten. Sie fuhren durch Sunbury, und noch zwei, drei Meilen weiter, dann hielten sie an. Sikes stieg ab, faßte Oliver bei der Hand und schritt stumm mit ihm weiter.«

Um vom Themse-Pfad auf die andere Flußseite zu kommen, überquert man die Themse kurz vor der Schleuse auf der Sunbury Lock Cutbridge und gelangt auf ein Inselchen. Vom Sunbury-Ufer aus verkehrt eine Passagierfähre zum Südende des Eilands.

Alljährlich starten Ende Juli/Anfang August die Boote der

Swan Keepers von Sunbury aus zum Swan Upping. Das ist ein uraltes Spektakel im an Traditionen nicht gerade armen England. In einer fünftägigen Bootsprozession mit Ruderbooten registrieren die Swan Keepers zwischen Sunbury und Abingdon alle auf dem Wasser lebenden Jungschwäne.

Seit den Zeiten von Heinrich II., genannt Kurzmantel (reg. 1154-1189), stehen die Schwäne ganz besonders hoch in der Gunst der englischen Herrscher. Jeder frei geborene Wasservogel gehört bis heute dem König und den beiden Londoner Gilden der Weinhändler und der Tuchfärber. Der majestätische Wasservogel war in früheren Tagen ein Statussymbol. Die ersten Schwäne, die nach England kamen, waren angeblich ein Geschenk der zypriotischen Königin Beatrice. 1378 wurde das royale Amt des »Keepers of the King's Swans« geschaffen, und gut hundert Jahre später regelte der Kodex *The Laws, Orders and Customs for Swans* alle rechtlichen Angelegenheiten rund um die Schwäne.

Drakonische Strafen trafen denjenigen, der Schwaneneier aus dem Nest stahl oder gar ein ganzes Tier vom Wasser auf den Bratrost brachte: Ein Jahr und ein Tag Gefängnis standen auf solche Delikte, zuzüglich war eine hohe Geldstrafe in die königliche Schatulle zu zahlen. Bis ins 19. Jahrhundert galt Schwanenbraten bei den Briten als Delikatesse und wurde traditionell zum Weihnachtsfest auf den Tisch gebracht; dann aber kam der amerikanische Truthahn in Mode.

Bis heute sorgen der königliche und die beiden aus den Zünften stammenden Swan Keeper beim sogenannten Swan Upping, also bei der Zählung der geschlüpften Küken, für die Registrierung der jungen Wasservögel und markieren sie mit dem gleichen Zeichen, das auch schon ihre Eltern tragen. Damit werden die Vögel ihren Besitzern zugeordnet. Der königliche Schwanenzähler trägt als Zeichen seiner Würde eine scharlachrote Jacke mit Messingknöpfen, eine weiße Hose und eine spitz zulaufende Kappe. Der Swan Keepers der Weinhändler ist erkennbar an seinem flaschengrünen Blazer und an der Schwanenfeder, die seine Kappe ziert. Der Markierer der Tuchfärber ist mit einer blauen Jacke samt Kappe ausgestattet. Jeder der drei Herren sitzt dem Ereignis gemäß würdevoll im Heck des Bootes und läßt sich rudern. Am Bug weht eine große Standarte und zeigt einen weißen Schwan. Durchschnittlich markieren die drei Honoratioren rund 180 Jungschwäne. Anfang der 50er Jahre waren es noch rund 1000 Wasservögel, die die Swan Keepers ihren Besitzern zuzuordnen hatten.

Rund 2,5 bis 3 km hinter Sunbury biegt die Themse nach Südosten ab. In der Flußkurve verkehrt eine Personenfähre zum anderen Ufer nach Hampton, laut Dickens »eine kleine Stadt, die sich über eine bemerkenswerte Fläche erstreckt«. Nahe am Anlegepunkt der Fähre gibt es den Pub Bell Inn, der nach einem Brand Ende des 19. Jahrhunderts wieder aufgebaut wurde. Die alte Kneipe soll in Charles Dickens' *Oliver Twist* Eingang gefunden haben: »Die Küche war ein altes Gewölbe mit niedriger Decke. Oben quer darüberhin lief ein großer Balken, und am Herd standen Bänke mit hohen Lehnen. Dort saßen und tranken und rauchten mehrere wettergebräunte Männer in Arbeitskitteln. Sie nahmen von Oliver gar keine und von Sikes nur geringe Notiz.«

Angeblich war die alte Taverne mit einem Tunnel versehen, der bis zum Hampton Court Palace reichte und durch den die Dienstboten ungesehen in den Pub kommen konnten.

Nahe beim Bell Inn, am Beginn der Hampton Court Road, steht Hampton House, daneben ragt ein kleines Tempelchen auf. Beide heißen heute nur kurz Garrick's Villa. David Garrick (1717-1779), der bedeutende Schauspieler und Darsteller vieler Shakespeare-Figuren, kaufte 1754 Hampton House, um dem gesellschaftlich fordernden Leben in London zu entgehen. Garrick beauftragte die Brüder Robert und James Adam mit der Umgestaltung und dem Ausbau des Hauses. 1755 ließ er den oktogonalen Tempel erbauen, in dem er Freunde empfing und den er mit Erinnerungsstücken an Shakespeare bestückte. So beauftragte er den französischen Bildhauer Louis François Roubiliac, eine lebensgroße Statue von Englands großem Barden anzufertigen, die in einer Nische des Tempelchens aufgestellt wurde. Nach dem Tod seiner Frau übergab er die Figur dem Britischen Museum. Eine Kopie davon steht heute wieder in dem kleinen Tempel. Bei der Anlage des Gartens wurde Garrick von dem berühmten Landschaftsarchitekten »Capability« Brown beraten, der auch den Vorschlag machte, einen Tunnel vom Haus zum Ufer anzulegen; es gibt ihn noch heute.

Nicht mehr weit ist es nun bis zum Molesly Lock, über das Jerome notiert: »Manchmal habe ich hier erlebt, daß man überhaupt kein Wasser mehr sieht, sondern nur ein farbenprächtiges Gewimmel aus leuchtenden Blazern und bunten Kappen, frechen Hüten und vielfarbigen Sonnenschirmen, aus Seidentüchern und Mänteln mit wehenden Bändern und Matrosenkragen. Wenn man vom Uferdamm in die Schleuse hinuntersah, konnte man sich einbilden, in eine riesige Schachtel zu blicken, in die Blumen aller Farbtöne und Schattierungen wahllos hineingeworfen worden waren, die jetzt als regenbogenbunter Haufen jede Ecke ausfüllen. [...] Und so ist der ganze sonnige Fluß vom Schloß bis zur Kirche von Hampton mit gelben und blauen und orange und weißen und roten Tupfen verziert.«

Vielleicht hatte der amerikanischstämmige Romancier Henry James dieselbe Schleuse vor Augen, als er 1905 in seiner Aufsatzsammlung *In England, um glücklich zu sein* schrieb: »Ich kenne keinen anderen klassischen Strom, der aus schierem Vergnügen derart umherschwappend verläuft. Es liegt etwas beinah Drolliges und gleichzeitig Anrührendes darin, wie sich die mächtige Bevölkerung unter dem kleinsten Vorwand eines Feiertages oder schönen Wetters in die Boote begibt. Sie rammen einander in dem schmalen bezaubernden Kanal; zwischen Oxford und Richmond bilden sie einen ununterbrochenen Zug. Nichts ist bezeichnender für die Tatkraft der Menschen und ihre Begierde, sich an Ertüchtigung und Abenteuer zu nehmen, was sie bekommen können. Ich füge eilends hinzu, daß das, was sie auf der Themse bekommen, trotz des kleinen Maßstabes und des Gegensatzes zwischen der Vielzahl und dem verfügbaren Platz, erlesen ist.«

Hinter dem Wehr führt die Hampton Court Bridge über den Fluß. 1753 entstand an dieser Stelle die größte, aus Holz errichtete Brücke Londons mit einer Fahrbahnbreite von sechs Metern. Den damaligen Zeitgenossen erschien die Überspannung sehr fragil. 1778 wurde sie verstärkt und 1865 durch eine Eisenkonstruktion ersetzt. Die heutige Überspannung wurde 1933 aus Stahlbeton erbaut und mit Steinen verblendet. Diese Brücke bringt uns nun geradewegs hinüber zu Hampton Court Palace, Englands bedeutendstem und größtem Tudor-Palast. Kardinal Thomas Wolsey, Erzbischof von York, begann 1514 mit dem Bau des herrschaftlichen Anwesens. Ein Jahr später avancierte der hohe Geistliche zum Lordkanzler von Heinrich VIII. Derartig viel Macht wollte Wolsey in seinem Palast dokumentiert sehen. Vor den Toren Londons entstand eine repräsentative Residenz mit 280 erlesen ausgestatteten Zimmern und einem Anbau für die rund 500 Hausangestellten. Sechs Jahre nach Baubeginn konnte Wolsey in seinen Palast beziehen und residierte nun in größerer Pracht als der König. Hampton Court übertraf alles, was bisher in England gebaut worden war, und Heinrich fühlte sich gedemütigt von den Aktivitäten seines Lordkanzlers. Wolsey muß wohl gemerkt haben, daß er den Bogen überspannt hatte, denn 1525 machte er Hampton Court dem König zum Geschenk. Theodor Fontane notierte 1852 bei einem Picknick in Hampton Court: »Wolsey war auf seiner Höhe und wiegte sich in Sicherheit. Nicht die Dauer seines Glückes, nur die Dauer seines Lebens machte ihm Sorge, und die klügsten Ärzte nach allen Seiten aussendend, gebot er ihnen, den gesündesten Platz in der Nähe Londons ausfindig zu machen. Sie fanden Hampton Court. Da entstand jenes Schloß und jene Halle, die noch heute von der Macht und Prachtliebe ihres Erbauers Zeugnis geben. Der Königs sah's, und ein Schatten zog über sein Antlitz; da verneigte sich der geschmeidige Kardinal und sprach: dies hab' ich gebaut, daß es deiner würdig sei, Hampton Court ist dein.«

Heinrich nahm die Gabe gern an, doch wenn Wolsey gedacht hatte, sich damit die Gunst des Monarchen zurückzuerkaufen, so hatte er sich geirrt. Vier Jahre später entließ Heinrich seinen Lordkanzler, der sich gedemütigt nach York zurückzog. Kurze Zeit später wurde er wegen Hochverrats verhaftet und starb auf der Reise nach London. Heinrich hatte inzwischen mit der Umgestaltung von Hampton Court begonnen, den Torturm modifiziert, eine astronomische Uhr einbauen sowie die Park- und Gartenanlagen bepflanzen lassen. Der König hielt sich gerne und

Fontäne vor der Südfassade von Hampton Court Palace

oft in Hampton Court auf, alle seine Kinder sind hier aufgewachsen, und zwei seiner Frauen, Jane Seymour und Catherine Howard, sollen noch heute als Gespenster durch die Säle geistern. Elizabeth I. erholte sich hier von ihren Regierungsgeschäften. In Hampton Court erhielt sie die Nachricht vom Sieg über die spanische Armada. Auf Anordnung von Wilhelm III. gestaltete Sir Christopher Wren Teile des Palastes im Stil der Renaissance um. Königin Victoria schließlich gab Hampton Court an die britische Regierung ab, die das hochherrschaftliche Anwesen für die Öffentlichkeit zugänglich machte und seitdem auch für die Instandhaltung verantwortlich ist. Zu besichtigen sind der Torturm mit der astronomischen Uhr, die Große Halle mit der großen Bühne, auf der unter Elizabeth I. Shakespeare-Dramen aufgeführt wurden, die Staatsgemächer, die mit feinem Mobiliar und Bildern großer Meister ausgestattet sind, sowie der riesige Küchentrakt, der aus einer ganzen Flucht von Räumen besteht.

Nicht versäumen darf man den Besuch des Gartens mit dem immensen Heckenlabyrinth, in dem sich Harris in *Drei Männer im Boot* verläuft: »Also gehen wir hier nur rein, damit du sagen kannst, du seiest drin gewesen. Das Ganze ist nämlich höchst simpel. Es Irrgarten zu nennen, ist Blödsinn – man geht bei jeder Gabelung einfach immer nach rechts. Wir machen jetzt einen Zehn-Minuten-Rundgang, und dann gehen wir irgendwo Mittag essen.«
Natürlich findet Harris nicht mehr hinaus und muß von einem Aufseher herausgeführt werden.

Im Norden von Hampton Court Palace erstreckt sich mit 450 Hektar Bushy Park, einer der größten der königlichen Parks Großbritanniens. Quer durch das ausgedehnte Gelände zieht sich die von Sir Christopher Wren angelegte Kastanienallee, an deren südlichem Ende der riesige Diana-

Brunnen die römische Göttin der Jagd ehrt. In den Zeiten von Heinrich VIII. war die große Gartenanlage das exklusive Jagdrevier des Monarchen.

→ Hampton Court Palace, April-Okt. tgl. 10-18, Nov.-März tgl. 10-16.30 Uhr

15 Hampton Court Palace bis Kew Gardens

Auf dem Themse-Pfad 16 km – Kingston, wo Englands sächsische Könige gekrönt wurden – John Galsworthy und Eadweard Muybridge – Die Häuser von Horace Walpole und Alexander Pope – Virginia Woolf in Richmond – Syon House und Kew Gardens

Verläßt man Hampton Court Palace über den Themse-Pfad – wir befinden uns mittlerweile im Stadtgebiet von London –, so taucht bald im Fluß Thames Ditton Island auf und man kommt am Ufer am sogenannten Pavillon vorbei. Das große Haus wurde von Sir Christopher Wren für Wilhelm III. von Oranien errichtet, der hier seine Gäste empfing. Königin Victoria spielte als Kind gern darin, und im vergangenen Jahrhundert lebte hier der Presse-Zar, Cecil King, dem u. a. der *Daily Mirror* gehörte.

Auf der gegenüberliegenden Flußseite liegt das Dörfchen Thames Ditton, von dem aus eine kleine Hängebrücke auf die gleichnamige Insel führt. An der Überspannung befindet sich Ye Olde Swan Inn, der über mehrere Gästezimmer und Bars sowie ein Restaurant verfügt. Das Haus stammt aus dem 13. Jahrhundert.

Haben wir die Flußbiegung hinter uns gelassen, an der der Strom gen Norden abknickt, heißt der Themse-Pfad Barge

Walk und führt an der Mauer von Hampton Court Palace vorbei. »Was für eine liebliche alte Mauer zieht sich da am Fluß hin!« notierte Jerome. »Sie bietet ein so bezauberndes Bild. Hier kriechen Flechten, und dort wächst Moos, schüchterne junge Ranken wilden Weins linsen über die Kante, um zu beobachten, was sich auf dem geschäftigen Fluß abspielt, und etwas weiter unten wuchert der schlichte uralte Efeu.«

Kurz vor dem Inselchen Ravens Ait verkehrt eine Passagierfähre über den Strom. Und dann erreichen wir die am linken Ufer liegende Siedlung Hampton Wick, von der aus eine Brücke auf die andere Seite nach Kingston-upon-Thames führt. Wer sich zuerst noch stärken möchte, kann dies nahe der Flußüberspannung in Hampton Wicks High Street in dem alten rotziegeligen Fachwerk-Pub The Swan tun, der aus elisabethanischer Zeit stammt. Die Kneipe gewann kürzlich die Auszeichnungen »Good Food Pub of the Year« und »Wine Pub of the Year«.

»Wo Kingstons altertümliche Seitengassen bis zum Fluß herabführen, da boten sie im blitzenden Sonnenlicht einen Anblick wie aus einem Bilderbuch. [...] Ich dachte an Kingston beziehungsweise an ›Kyningestun‹, wie es einst hieß, als die sächsischen ›Kyninge‹ hier gekrönt wurden«, schreibt Jerome.

Kingston war der Krönungsort der frühen englischen Könige. An der Guildhall findet sich der aus einem Sandsteinblock gehauene Krönungsstuhl, auf dem im 10. Jahrhundert sieben Herrscher gekrönt wurden. Ihre Namen sind im Stein eingraviert. Das Museum der Stadt im Wheatfield Way informiert über diese Zeit sowie über die Geschichte des Ortes.

An der Brücke in Kingston findet sich der moderne Pub Bishop out of Residence, der mit seinem Namen daran erinnert, daß in vergangenen Jahrhunderten die Bischöfe vom Londoner Stadtviertel Southwark an dieser Stelle ein Haus hatten und hier gerne am Fluß fischten.

Schon immer hatte Kingston militärische Bedeutung, da hier eine Furt die Überquerung der Themse gefahrlos möglich machte. Nachdem Karl I. der Stadt 1628 das Marktrecht verliehen und damit zugleich Handelsplätze in einer Umgebung von sieben Meilen verboten hatte, erlebte Kingston einen gewaltigen wirtschaftlichen Aufschwung.

Kingston Bridge war von jeher eine der wichtigsten Überspannungen am Oberlauf des Flusses. Ab 1170 sorgte eine hölzerne Brücke für den reibungslosen Ablauf des Verkehrs, und bis ins 18. Jahrhundert hinein gab es außer ihr nur noch die London Bridge im Zentrum der Metropole. Mit dem Bau der Teddington-Schleuse wurde die alte Holzbrücke 1828 durch eine steinerne ersetzt, die in den zwanziger Jahren des 20. Jahrhundert sowie dann noch einmal 2001 verbreitert wurde.

Die Häuser rund um den Marktplatz stehen unter Denkmalschutz.

Einige Historiker sind der Ansicht, daß Cäsar hier und nicht bei den Pfählen von Corway den Fluß vor der Schlacht gegen Cassivilaunus überquert hat.

Erinnert werden soll auch daran, daß in Kingston John Galsworthy (1867-1933) geboren wurde, der mit seinem Roman *Die Forsythe-Saga* bekannt wurde. Nach der Geburt kaufte sein Vater, ein wohlhabender Anwalt, ein großes Baugelände auf dem Coombe Hill in Kingston und ließ dort nacheinander drei viktorianische Häuser erbauen: Coombe Warren, Coombe Leigh und Coombe Croft. In der *Forsythe Saga* hat Galsworthy mit dem Familienoberhaupt des Clans, Jolyan Forsythe, seinem Vater ein Denkmal gesetzt. Coombe Hill diente ihm als Vorbild für

Robin Hill, dem Landsitz der Dynastie, »mit der Hügelkette am Horizont, hinter zahllosen Feldern und Hecken«. 1932, ein Jahr vor seinem Tod, erhielt er den Nobelpreis für Literatur. Nach Rudyard Kipling, der den Preis 1907 bekam, war Galsworthy der zweite Brite, der mit dieser höchsten literarischen Auszeichnung geehrt wurde.

Auch der Foto-Pionier Eadweard Muybridge (1830-1904) erblickte in Kingston das Licht der Welt. Muybridge machte mit Hochgeschwindigkeitsaufnahmen die Bewegungsabläufe von Menschen und Tieren sichtbar. Das oben erwähnte Museum der Stadt zeigt viele seiner Arbeiten.

→ Tourist Information: Kingston, Market House, Market Place, Tel. 020-85475592

Von Kingston führt der Themse-Pfad auf der rechten Uferseite unter der Eisenbahnbrücke hindurch weiter gen Norden. Schnell ist Boater's Inn erreicht, der direkt am Fluß in den Canbury Gardens liegt. Von hier bis zum Teddington Lock mit seiner Footbridge sind es ungefähr 3 km. Ein Stückchen flußabwärts markiert ein steinerner Obelisk die Stelle, wo die Gerichtsbarkeit über die Themse nun von der Environment Agency an die Londoner Hafenbehörde, die Port of London Authority, übergeht. Bis hierher nämlich drückt die Tide bei Flut Salzwasser in den Fluß. Hier endet die tidenunabhängige Themse, und für nicht ausgebildete Kapitäne endet hier die Flußfahrt. Unmittelbar an der Fußgängerbrücke in Teddington befindet sich der Pub Angler's Rest mit großem Biergarten und einem kleinen Spielplatz. Daneben liegt das Tide End Cottage, das Bar Meals im Angebot hat.

Teddington besitzt die größten Schleusenanlagen entlang des gesamten Flusses. Barge Lock hat eine Länge von 198 m und eine Breite von 7,50 m, Launch Lock ist 54 m lang und 7,50 m breit, und Skiff Lock, das wegen seiner Ausmaße auch Coffin Lock genannt wird, ist 15 m lang und 1,70 m breit. Die drei Schleusen senken/heben die Schiffe auf ein 2,68 m niedrigeres/höheres Niveau.

In den National Physical Laboratories von Teddington entwickelte Sir Barnes Neville Wallis (1887-1979) im Zweiten Weltkrieg die sogenannte »hüpfende Bombe« (Bouncing Bomb).

Die Teddington Studios gehören zu den größten TV-Produktionsanlagen in Großbritannien.

Von Teddington bis nach Kew Gardens verläuft der Themse-Pfad auf beiden Seiten des Flusses. Wer am linken Ufer wandert, der stößt in Twickenham bald auf Strawberry Hill: ein großes gotisches Haus, das nach dem gleichnamigen Hügel benannt wurde. Von 1747 bis zu seinem Tod 1797 lebte hier Horace Walpole, der vierte Sohn des Premierministers Robert Walpole. Er kaufte das Häuschen, das um die Wende vom 17. zum 18. Jahrhundert gebaut worden war, und ließ es im neogotischen Stil umbauen. Strawberry Hill sei, so meinte er herablassend, »ein kleines Spielzeughaus, das schönste Flitterzeug, das man je gesehen hat«. In diesem »Spielzeughaus« mit seinen Erkern, Zinnen und den spitzbogigen Fenstern ließ er sich inspirieren, schrieb hier seinen Schauerroman *Die Burg von Otranto*. Walpole ließ sich bei der Gestaltung des Hauses von verschiedenen Kathedralen und Grabdenkmälern beeinflussen. So ist die Treppe im Innern jener der Kathedrale von Rouen nachempfunden, die gotische Galerie enthält Repliken der Kapelle von Heinrich VII. in der Westminster Abbey, und die mit Spiegeln versehenen Nischen wurden nach einem Grabdenkmal der Kathedrale von Canterbury gestaltet. 1757 richtete Walpole in seinem Haus eine Drukkerei ein, in der er nicht nur seine eigenen Bücher, sondern auch klassische Werke druckte. Als er am 2. März 1797 in seiner Londoner Wohnung starb, hatte er £ 21 000 »in das berühmteste gotische Haus Englands« gesteckt, damals ein riesiges Vermögen. Dickens schrieb in seinem *Dictionary*: »Dieses vorgetäuschte orientalisch-gotische Gebäude ist nur erwähnenswert wegen seiner Assoziationen mit Walpole – schön ist es mit Sicherheit nicht.« Heute ist darin das St. Mary's College of Higher Education untergebracht.

→ Tourist Information: Twickenham, The Atrium, Civic Centre, 44 York Street, Tel. 020-88917272

Ganz in der Nähe von Strawberry Hill stand das Haus des Dichters Alexander Pope. Heute befinden sich an dieser Stelle die Gärten und Gebäude des St. Catherine's Convent. Pope kam 1715 nach Twickenham und ließ sich hier ein Haus bauen, laut Dickens »in dem grotesken Geschmack jener Tage«. 1744 starb er und wurde in der nahe gelegenen Kirche St. Mary's (an der Eel Pie Island) bestattet. Ein Denkmal ehrt den Poeten; die ersten beiden Zeilen lauten: »Heroes and Kings your distance keep/In peace let one poor poet sleep.«
Rund 60 Jahre nach dem Tod von Pope gehörte das Haus einer gewissen Lady Howe, die, laut Dickens, »nicht mit dem poetischen Temperament« des Dichters ausgestattet war und die Villa abreißen ließ.
Neben Pope und Walpole lebten auch die Maler Godfrey Kneller und William Turner einige Zeit in Twickenham. Heute ist der Ort ein Zentrum des Rugbysportes.
Vor den beiden einstigen Dichterbehausungen liegt die Eel Pie Island. Seinen Namen hat das Inselchen wahrscheinlich

von den Flußaalen bekommen, die hier seit dem 17. Jahrhundert im Pub The Ship, später The White Cross, serviert wurden. Früher war das Eiland ein beliebtes Ausflugsziel der Themse-Ruderer. Heute ist es dicht bebaut mit Häusern, und eine Fußgängerbrücke verbindet es mit dem Ufer. Gegenüber der Nordspitze von Eel Pie Island liegt am Ufer der Pub White Swan, der im 17. Jahrhundert erbaut wurde.

Auf dem Themse-Pfad ein Stückchen weiter gen Norden erreichen wir Marble Hill House, eine schneeweiße palladianische Villa in einem 27 Hektar großen Park. Georg II. ließ das prachtvolle Anwesen 1720 für seine Geliebte Henrietta Howard, die Countess of Suffolk, erbauen. Heute beherbergt das Haus eine umfangreiche Sammlung georgianischer Gemälde, Möbel und Drucke. Nahe bei Marble Hill House verkehrt eine Passagierfähre. Mit ihr erreicht man das auf der anderen Flußseite liegende Ham House, welches 1610 von Sir Thomas Vavasour errichtet wurde. Ab 1672 wurde es auf Befehl des Duke of Lauderdale, John Maitland, erweitert. Es zeigt heute die originale Inneneinrichtung aus jenen Tagen, und auch der umliegende Garten stammt aus jener Zeit. So kann man sich gut ein Bild von den Lebensumständen des englischen Adels im 17. Jahrhundert machen.

Nicht mehr weit ist es nun bis Richmond, das seit den Tagen des Hauses Plantagenet die Sommerresidenz der Herrscher war. Heute ist das Örtchen wegen seiner Parks ein beliebtes Ausflugsziel der Londoner. Virginia Woolf lebte hier zusammen mit ihrem Mann Leonard von 1915 bis 1924. 1912 hatte sie Leonard Woolf geheiratet und arbeitete an ihrem ersten Roman *Die Fahrt hinaus*. Nach einem Nervenzusammenbruch Virginias zog das Ehepaar von London, das zudem während des Ersten Weltkriegs unter deutschem Bombardement stand, in das ruhige Richmond. Zunächst wohnten sie am Richmond Green, in The Green Nr. 17. Am 25. März 1915 mietete Leonard Woolf Hogarth House in der Paradise Street. Richmond war zu dieser Zeit für Virginia »der bei weitem beste Vorort«, und auch mit dem Haus war sie einverstanden und befand es als hübsch. Schon kurz nach dem Einzug wurde Virginia erneut von Wahnvorstellungen und Depressionen heimgesucht.

Das Haus gab dem Verlag von Leonard und Virginia Woolf seinen Namen: Hogarth Press. Kurz nach dem Einzug hatte Leonard eine kleine Handdruckerpresse gekauft; sie erschien ihm geeignet, Virginia für einen großen Teil des Tages mit einer handwerklichen Tätigkeit zu beschäftigen und sie damit von ihrer Arbeit abzulenken. Für neun Jahre wohnten die beiden hier. Als Virginia zunehmend unglücklicher wurde, zogen sie zurück in Zentrum von London, nach Bloomsbury. Am 9. Januar 1924 notiert Virginia in ihrem Tagebuch: »In diesem Augenblick, oder genauer gesagt vor einer Viertelstunde, habe ich 52 Tavistock Square London W. C. für zehn Jahre gemietet. London du bist der Juwelen schönstes & Jaspis der Heiterkeit – Musik, Gespräche, Freundschaften, Großstadtansichten, Bücher, Veröffentlichungen, etwas Wesentliches & Unerklärliches, all das ist jetzt in meiner Reichweite, was seit August 1913 nicht mehr der Fall war, wegen einer Reihe von Katastrophen, die meinem Leben beinah ein Ende gesetzt & das von Leonard, wie ich eingebildeterweise glaube, ruiniert hätten. Also sollte ich dankbar sein für Richmond & das Hogarth House.« Virginia war heilfroh, wieder in der Metropole angekommen zu sein, und, wie ihre Biographin Hermione Lee schreibt, es füllten »leidenschaftliche Liebeserklärungen an London die Tagebücher und Briefe«.

Die fünfbogige Steinbrücke von Richmond ist die älteste erhaltene Themse-Überspannung Londons. Sie wurde 1777 von James Paine erbaut und für den Verkehr freigegeben. Die Brücke ist aus Ziegeln gemauert und mit Portland-Stein verblendet, der auf der gleichnamigen Halbinsel an der Südküste seit Jahrhunderten gebrochen wird.

Einige alte Bürgerhäuser sind in dem geschäftigen Städtchen noch erhalten, so etwa in der Maids of Honour Row. Die Gebäude ließ Georg II. 1724 errichten, in ihnen waren damals die Hofdamen untergebracht.

Östlich von Richmond schließt sich der 1000 Hektar große Richmond Park an, der einst das Jagdrevier von Karl I. war. Neben einem alten Baumbestand finden sich hier auch verschiedene Seen und Teiche.

→ Tourist Information: Richmond, Old Town Hall, Whittaker Street, Tel. 020-89409125

Spaziert man am linken Ufer den Themse-Pfad weiter gen Norden, so stößt man hinter der Isleworth-Insel auf den Pub London Apprentice, den schon Dickens in seinem *Themse-Dictionary* erwähnt. Ihren Namen hat die Kneipe von den Lehrlingen oder Auszubildenden der Londoner Zünfte, die in ihrer Freizeit gerne aus der Metropole bis hierher ruderten. Heinrich VIII. war mehrfach mit seiner Frau Catherine Howard vor Ort, und Karl II. nahm hier den einen oder anderen Drink mit seiner Geliebten Nell Gwyn. Im ersten Stock befindet sich heute ein Restaurant.

In einem Bogen verläuft der Themse-Pfad nun vom Fluß weg durch Syon Park auf Syon House zu, das zu den prachtvollsten Adelssitzen im Londoner Stadtgebiet zählt. Den Park legte der berühmte Landschaftsgärtner Lancelot Brown an, der wegen seiner begnadeten Fähigkeiten nur »Capability« Brown genannt wurde. Ursprünglich gehörte das Haus zu einem Kloster. Nachdem es Anfang des 17. Jahrhunderts an die Dynastie der Northumberlands gefallen war, wurde der damals führende Architekt Robert Adams beauftragt, es repräsentativ umzugestalten. Die weitgehend originalgetreue Einrichtung und die vielen Gemälde von Lely, Gainsborough, van Dyck und anderen bekannten Künstlern jener Tage sowie die Große Halle und die Kupferstichgalerie machen den Besuch zu einem kulturellen Vergnügen. In dem großen Gewächshaus im Park gedeihen viele tropische Pflanzen, darunter eine Vielfalt von Orchideen; im Rosengarten finden sich mehrere hundert verschiedene Rosenarten. Bis heute ist Syon House – wegen der horrenden Erbschaftssteuern eine Seltenheit in England – im Besitz der Familie der Northumberlands.

Gegenüber von Syon House erstreckt sich auf der anderen Flußseite über eine Fläche von rund 120 Hektar Kew Gardens, der königliche botanische Garten, in dem an die 30000 unterschiedliche Bäume, Sträucher und Pflanzen aus allen Teilen der Welt wachsen. Dem Garten ist eine botanische Forschungsstation angegliedert. Dorthin gelangt man, wenn man dem Themse-Pfad bis zur Kew Bridge im Örtchen Strand-on-the-Green folgt und dort auf die andere Flußseite wechselt. Vielleicht wirft der kunstbegeisterte Wanderer vorher in Strand noch einen Blick in die St. Anne's Church, auf deren Kirchhof Thomas Gainsborough (1727-1788), der große Porträtist und Landschaftsmaler, seine letzte Ruhestätte gefunden hat.

Auf Initiative von Prinzessin Augusta und ihrem Mann Frederick, Prince of Wales, legte der Landschaftsgärtner William Chambers Kew Gardens Mitte des 18. Jahrhunderts als privaten Garten rund um Kew Palace an. Der Palast, bekannt auch unter dem Namen Dutch House, wurde

Eingang des »Temperate House«, eines der vielen Gewächs-
häuser von Kew Gardens

ursprünglich für einen holländischen Kaufmann 1631 im flämischen Stil erbaut. Augustas Sohn, König Georg III., lebte mit seiner Familie ebenfalls in Kew Palace und gab den Park in die Verantwortung von Sir Joseph Banks, der als Naturforscher Captain Cook auf dessen Pazifikreise begleitet und von der Expedition viele exotische Pflanzen mitgebracht hatte. Mitte des 19. Jahrhunderts ging Kew in Regierungsbesitz über und war von da an für die Öffentlichkeit freigegeben. In jener Zeit entstanden die phantastisch anmutenden Gewächshäuser, so etwa das über 100 m lange Palm House mit seinem tropischen Wald. Unter Königin Viktoria wurde der Park auf die heutigen 120 Hektar vergrößert. Neben den Gewächshäusern ist die zehnstöckige, 50 m hohe chinesische Pagode, die Chambers erbauen ließ, ein besonderer Blickfang. Im reetgedeckten Queen Charlotte Cottage, das Georg für seine Frau anlegen ließ, picknickte die königliche Familie gern und oft; heute sind hier Kupferstiche des Künstlers William Hogarth ausgestellt. Das Prince of Wales Conservancy, in dem verschiedene Klimazonen simuliert werden, ist das größte Glashaus des Parks und wurde 1987 eröffnet. Drei Jahre später entstand das Sir Joseph Banks Building. Und schließlich sind in der Marianne North Gallery, eröffnet 1882, über 800 Arbeiten der Künstlerin ausgestellt, die sie auf ihren Reisen angefertigt hat und die Pflanzen, Tiere und Landschaften zeigen.

Georg Christoph Lichtenberg notierte bei einem Besuch: »Der Winter hat hier wenig zu bedeuten und die Gärten von Kew und Richmond sind so mit Lorbeer und anderen immergrünen Stauden und Bäumen besetzt, unter denen so viele Vögel singen und flattern, daß ich kaum inne werde, daß das die Zeit ist, da man in Göttingen Schlitten fährt.«

→ Ye Olde Swan Inn, Thames Ditton, an der Hängebrücke zu
Thames Ditton Island, Tel. 020-83981814
Kingston Museum, Kingston, Wheatfield Way,
tgl. außer Mo., So. 10-17 Uhr
Strawberry Hill, jeden Sonntag von Ostern bis Mitte Oktober auf
einer geführten Tour zu besichtigen; Voranmeldung unter
020-82404141
Marble Hill House, Sommer Mi.-So. 10-18, Winter bis 17 Uhr
Ham House, Sommer Mo.-Mi., Sa./So. 13-17 Uhr
Syon House, Sommer Mi., Do., So. 11-17 Uhr

16 Kew Bridge bis Chelsea Bridge

*Auf dem Themse-Pfad 31,1 km – Die Oxford Cambridge
Regatta – Chiswick House and Gardens – Hogarth House –
William Morris in Hammersmith – Thomas Morus, Tho-
mas Carlyle und Oscar Wilde in Chelsea – Virginia Woolf
besichtigt das Haus von Thomas Carlyle – Cheyne Walk –
Royal Hospital*

Strand-on-the-Green zieht sich rund um die Kew Bridge
und besitzt noch viele alte Fischerhäuschen. Folgt man
dem Themse-Pfad am linken Ufer, so stößt man zunächst
vor der Eisenbahnbrücke auf den uralten Pub City Barge
und einige Schritte weiter auf die Kneipe Bull's Head hinter
der Überspannung. Ersterer wurde 1484 unter dem Namen The Navigator Arms eröffnet und im 19. Jahrhundert
umbenannt, da der Lord Mayor, der Bürgermeister der
City of London, hier mit seiner Dienstbarke anzulegen
pflegte. Im Zweiten Weltkrieg wurde die Kneipe bei der
Bombardierung Londons schwer beschädigt. Eine Szene
in dem Beatles-Film *Help* spielt in diesem Pub.
Hinter den beiden Tavernen macht der Fluß einen Bogen,

und wir erreichen Chiswick Bridge, die 1933 erbaut wurde. Die Beton-Überspannung ist mit Portland-Stein verblendet. Auf der anderen Flußseite liegt direkt am Ufer der Pub Ship Inn. Hier befindet sich die Ziellinie der berühmtesten Ruderregatta der Welt, das Rennen zwischen den beiden Achtern aus Oxford und Cambridge. Gestartet wird vier Meilen beziehungsweise 6,4 km weiter stromabwärts an der Putney Bridge.

Wir wandern auf dem Pfad durch die Duke's Meadows und weiter nördlich. Nur wenige Meter vom Themse-Pfad entfernt liegt Chiswick House an der Burlington Lane, ein Juwel des palladianischen Baustils. Richard Boyle (1694-1753), der Dritte Earl of Burlington, ließ das Anwesen nach ausgedehnten Italienreisen von 1725 bis 1729 nach eigenen Plänen erbauen. Im Zentrum des Hauses befindet sich ein achteckiger Kuppelraum, um den die anderen Räume gruppiert sind. Im Untergeschoß gibt es eine Bibliothek, in der viele Dokumente zur Geschichte der Villa ausgestellt sind. Über eine Wendeltreppe gelangt man ins Obergeschoß, das von William Kent ausgestattet wurde. Eine Kuppel mit Kassettendecke überwölbt die Haupthalle, die Galerie wird von Deckenfresken geschmückt. Alle Räume sind mit erlesenem Mobiliar bestückt. Chiswick House wird auch als »Meisterstück häuslicher Architektur« beschrieben und ist sicherlich die schönste palladianische Villa in Großbritannien. Lord Burlington war ein steinreicher Mann, ein weltgewandter, weitgereister Kunstmäzen, der u. a. Alexander Pope, Jonathan Swift und Georg Friedrich Händel förderte. Der Garten wurde von William Kent und dem königlichen Gärtner Charles Bridgeman angelegt. Die Villa war nie als permanenter Wohnsitz geplant, vielmehr hatte Burlington hier seine umfangreiche Bibliothek und seine vielen Gemälde und Kunstgegenstände untergebracht und bewirtete in dem grandiosen Interieur seine Freunde. Zwei britische Außenminister, Charles James Fox (1749-1806) und George Canning (1770-1827), starben in dem Haus, wie es heißt, beide im selben Zimmer. Zwei amerikanische Präsidenten – John Adams und Thomas Jefferson – besuchten es, ebenso die Zaren Alexander I. und Nikolaus I., auch Edward IV. Durch Hochzeit fiel Chiswick House später an die Dukes of Devonshire.

Unweit von hier befindet sich Hogarth's House in der Hogarth Lane. Hier lebte der Kupferstecher von 1749 bis zu seinem Tod 1764. 67jährig starb er in seinem Domizil, das er »my little box by the Thames« nannte. Neben vielen Möbeln und Alltagsgegenständen aus Hogarth' Zeit sind hier auch zahlreiche Kupferstiche aus seinem Atelier ausgestellt.

Zurück zum Themse-Pfad gehen wir auf die Hammersmith Bridge zu und passieren dabei drei Pubs, die alle eine Einkehr lohnen: Black Lion, The Dove und Blue Anchor. Die Hängebrücke von Hammersmith mit ihren bunten und vergoldet wirkenden Pylonen sowie den heraldischen Ornamenten ist sicherlich eine der schönsten von London. Sir Joseph Bazalgette zeichnete für die Pläne verantwortlich, und 1887 konnte erstmals der Verkehr darüberrollen. Die Überspannung ersetzte eine ältere Hängebrücke – die erste im Londoner Stadtgebiet –, die in den 20er Jahren des 19. Jahrhunderts errichtet worden war. Bazalgette integrierte die ursprünglichen Brückenköpfe und die Strebepfeiler in seine Konstruktion. 1939 versuchte die IRA die Brücke in die Luft zu sprengen, doch ein aufmerksamer Fußgänger konnte die Bombe in die Themse werfen, bevor sie detonierte.

Von April 1879 bis zu seinem Tod 18 Jahre später lebte William Morris in Hammersmith im Kelmscott House in der

Upper Mall. Als Morris und seine Frau Janey einzogen, trug das Haus – erbaut um 1790 – den Namen »The Retreat«. Dem Typographen, Drucker, Designer und Dichter gefiel der Name aber nicht, da er ihn an eine Irrenanstalt denken ließ. Also benannte er das Anwesen nach Kelmscott Manor in Oxfordshire um und hatte seine Freude daran, daß die Wasser der Themse an zwei seiner Anwesen gleichen Namens vorbeiflossen. Der alljährlich stattfindenden Oxford-Cambridge-Regatta, die an ihrem Haus vorbeiführte, konnten die beiden Eheleute nicht viel abgewinnen. »Da gibt es so ein schreckliches Ding, genannt Bootsrennen, in unserem Teil von London, und ich bin nur zu glücklich, daß ich vermeiden kann, es mir ansehen zu müssen«, schrieb Janey an einen Freund. Mehr als einmal stieg der Pegel der Themse bedrohlich an; Freunde halfen dann bei Evakuierungsmaßnahmen. Leider ist Kelmscott House – im Gegensatz zu Kelmscott Manor – nicht zu besichtigen.

In dem nahe gelegenen, schon erwähnten Pub The Dove trank Morris gern ein Bier oder traf sich mit Freunden. Die Kneipe wurde im 17. Jahrhundert erbaut und hieß zur Zeit ihrer Eröffnung Dove Coffee House. In jenen Tagen kehrte hier auch Karl II. mit seiner Geliebten Nell Gwyn ein, spätere Besucher waren Ernest Hemingway und Graham Greene. Laut dem Guinness-Buch der Rekorde befindet sich rechts vom Eingang die kleinste Bar von England mit einer Grundfläche von drei Quadratmetern, in die sich einmal 35 Leute gequetscht haben sollen. The Dove hatte auch Verbindungen zur Dove Buchbinderei, die sich einige Türen weiter befand. Hier ließ Morris seine Bücher aus der Kelmscott Press binden und alte Werke aus seiner Bibliothek aufarbeiten. Nach seinem Tod ging aus der Binderei die Dove Press hervor, die edle Kunstbücher und Gedichtbände druckte.

Von der Hammersmith-Brücke spazieren wir nun auf dem Themse-Pfad am rechten Ufer in Richtung Putney Bridge. Auf halber Strecke befindet sich zwischen der Themse und der A 306 das Wetland Centre, eine ökologische Besucherattraktion, die vom Wildfowl and Wetlands Trust unterhalten wird. Auf rund 40 Hektar finden sich an die 30 Feuchtbiotope, die ein Rückzugsgebiet von rund 100 unterschiedlichen Wasservögeln sowie vielen verschiedenen Pflanzenarten, Insekten und Amphibien bilden. Hier gibt es sechs Vogelbeobachtungsstellen, und vom Besucherzentrum aus überblickt man den großen See mit seinen vielen Vögeln.

An der Putney Bridge startet – wie schon erwähnt – alljährlich seit 1845 das Bootsrennen zwischen Oxford und Cambridge, und die Achter rudern von hier ab flußaufwärts bis nach Mortlake. In und um den angenehmen Pub The Duke's Head am südlichen Ufer ist es dann rappelvoll, jeder will sehen, welches Boot den besten Start erwischt hat.

Die in England nur kurz The Boat Race genannte Regatta findet jedes Jahr Ende März oder Anfang April statt und folgt einem vier Meilen und 374 Yard (etwa 6,7 km) langen Kurs. An den Ufern feuern Hunderttausende die Mannschaften der beiden Elite-Universitäten an. Das traditionsreiche Rennen wurde von den beiden Freunden Charles Merivale (Cambridge) und Charles Wordsworth (Oxford) ins Leben gerufen. Seitdem fordert die unterlegene Universität in jedem Jahr Ravanche vom Gegner. Fünf mal sanken im Eifer des Gefechts Boote auf den Grund der Themse, 1912 gingen gleich beide Achter unter. Die Bilanz ist relativ ausgeglichen; bis 2007 gewann Cambridge 79 Mal, Oxford konnte 73 Mal siegen.

Als die hölzerne Putney Bridge 1729 errichtet wurde, war

sie die erste Flußüberspannung westlich der London Bridge. 150 Jahre später ersetzte Sir Joseph Bazalgette diese Holzkonstruktion durch die heutige fünfbogige Brücke.

Rund 1,5 km weiter unterqueren wir Wandsworth Bridge, deren Vorgängerin 1873 für die Öffentlichkeit freigegeben wurde. Die heutige Konstruktion stammt aus dem Jahr 1940. Am südlichen Ufer lädt der Pub The Ship zur Rast ein.

Battersea Bridge, 2,5 km weiter, mit ihren fünf gußeisernen Bögen, entstand wiederum nach den Plänen von Sir Joseph Bazalgette und war 1890 fertiggestellt. 120 Jahre zuvor, 1772, hatte eine Holzbrücke die Fähre an dieser Stelle des Flusses ersetzt und sorgte für eine schnelle städtebauliche Entwicklung des damaligen Fischerörtchens Chelsea. Die Flußschiffer aber lamentierten über die engen Bogen der Brücke, an denen mehr als ein Kahn zerschellte; dies war der Grund dafür, daß sie 1881 abgerissen und durch eine sicherere Konstruktion ersetzt wurde. Hier befinden wir uns nun im Zentrum von Chelsea, einem der nobelsten Stadtviertel Londons.

Erste Erwähnung fand Chelsea, als König Offa von Mercia um 787 eine Synode abhielt. Um 799 wurde hier die erste Kirche errichtet. Im 16. Jahrhundert war Chelsea eines von vielen verschlafenen Fischerdörfern entlang der Themse; sein Name wurde erst bekannt, als um 1520 Thomas More, bekannter unter seinem latinisierten Namen Thomas Morus, sich hier ein Haus kaufte. In intellektuellen Kreisen war Morus durch sein Buch *Utopia* berühmt geworden, in dem er die sozialen Verhältnisse in England scharf kritisierte und die Idee einer besseren und gerechteren Gesellschaft entwickelte. Zusammen mit Erasmus von Rotterdam und Albertus Magnus gehört er zu den drei großen Humanisten des Spätmittelalters. Morus nahm am dörflichen Leben teil und sang im Chor der Chelsea Old Church. Nachdem er 1529 Nachfolger von Kardinal Thomas Wolsey im Amt des Lordkanzlers unter Heinrich VIII. geworden war, sahen die Bewohner von Chelsea bekannte Leute in ihrem Dorf ein und aus gehen. So kam beispielsweise Erasmus von Rotterdam (1466-1536) zu Besuch, der seit 1498 als Professor in Cambridge lehrte. Und auch Heinrich VIII. ließ sich einen kleinen Palast in Chelsea anlegen.

Gegen Ende des 17. und zu Beginn des 18. Jahrhunderts zogen versehrte Kriegsveteranen in das Royal Chelsea Hospital ein und mischten sich unter das Fischervolk. Parallel dazu entstand der Ranelagh Park, der sich schnell zu einem beliebten Naherholungsziel der Londoner Bevölkerung entwickelte. Im 19. und 20. Jahrhundert wurde das Stadtviertel Anziehungspunkt für Künstler, Wissenschaftler, Romanciers und Dandys.

Hinter Battersea Bridge stoßen wir auf der linken Flußseite auf die Statue von Thomas Morus, die sich vor der Chelsea Old Church befindet. Er und seine zwei Frauen wurden in der Kirche beigesetzt. Auch Henry James hat hier seine letzte Ruhe gefunden, und im Kirchhof liegt Hans Sloane begraben.

Heinrich VIII. war häufiger Gast im Haus von Thomas Morus, der sein Verhältnis zum König wie folgt kommentierte: »Ich danke dem Herrn, ich bin wirklich in der Gnade meines sehr guten Herrn; und ich glaube, daß er mir seine Gunst so sehr wie nur irgendeinem im Reich schenkt. Nichtsdestoweniger will ich sagen, daß ich keinen Grund habe, stolz darauf zu sein, denn wenn mein Kopf ihm ein Schloß in Frankreich einbringen könnte, dann würde er ihn mir zweifellos abnehmen.« Morus gab sich also keinerlei Illusionen hin, denn bis zur Amtszeit des Humanisten als Lordkanzler hatte Heinrich schon etliche Personen hinrichten lassen. Vielleicht ahnte Morus, daß es ihm nicht anders ergehen sollte.

Von Chelsea bis zum Regierungssitz in Westminster war es nicht weit, und vor dem Haus von Morus lag immer ein Expreß-Boot bereit, das mit acht Ruderern besetzt war und den Lordkanzler jederzeit schnell zum König nach Westminster bringen konnte.

Nachdem Heinrich seinen Bruch mit Rom vollzogen und sich selbst als Oberhaupt der anglikanischen Kirche eingesetzt hatte, trat Morus 1532 von seinem Amt zurück. Der standhafte Katholik weigerte sich, den Suprematseid zu leisten, mit dem er Heinrich als neues kirchliches Oberhaupt anerkannt hätte. Der König machte ihm daraufhin den Prozeß wegen Hochverrats und ließ ihn am 6. Juni 1535 hinrichten. 400 Jahre später, 1935, wurde Thomas Morus heilig gesprochen.

Da Heinrich VIII. – wie schon erwähnt – einen kleinen Palast in Chelsea hatte, heiratete er 1536 in der Chelsea Old Church seine dritte Frau, Jane Seymour. Hinter der kleinen Kirche verläuft die Old Church Street, in der einmal der irische Autor Jonathan Swift (1667-1745) wohnte, der mit seinem Buch *Gullivers Reisen* Weltruhm erlangt hat. Er traf sich hier mit seinen Schriftstellerkollegen John Gay, William Congreve und Alexander Pope.

Nahe der Chelsea Old Church lädt am Cheney Walk/Ecke Lawrence Street der Pub Cross Keys zur Einkehr ein, und hundert Meter weiter finden wir am Cheyne Walk/Ecke Cheyne Row die Cheyne Brasserie. Bis vor kurzem befand sich in diesem Gebäude der Pub King's Head & Eight Bells, der seit mehr als 400 Jahren Bier ausschenkt. Der walisische Dichter Dylan Thomas war häufiger Gast in der Taverne, ebenso wie zahlreiche Berühmtheiten, die während seiner Londoner Zeit am Cheyne Walk wohnten. Die Häuser dieser berühmten Londoner Straße entstanden alle um 1720. In Haus Nr. 3 hatte vor 40 Jahren einmal Keith Richards von den Rolling Stones sein Domizil. In Nr. 4 lebte und schrieb Mary Ann Evans (1819-1880), die ihre Bücher unter dem männlichen Pseudonym George Eliot veröffentlichte. Schon als junge Frau hatte sie sich als Übersetzerin einen Namen gemacht und schrieb Artikel für die *Westminster Review.* Als sie 1854 mit dem Schriftsteller und Goethe-Übersetzer George Henry Lewes zusammenzuleben begann, kam es zum Eklat, da Lewes' erste Ehe nicht geschieden worden war. Zwei Jahre nachdem Lewes 1878 gestorben war, heiratete sie den mehr als 20 Jahre jüngeren Bankier John Walter Cross und verstieß damit erneut gegen die Normen der viktorianischen Gesellschaft. Kurze Zeit nach der Eheschließung holte sie sich eine schwere Erkältung und starb. Der Maler Gabriel Dante Rossetti (1828-1882) lebte und arbeitete ab 1862 im Cheyne Walk Nr. 16, und zwar einige Zeit zusammen mit dem Schriftsteller Algernon Charles Swinburne (1837-1909). 1848 hatte Rossetti mit seinen Künstlerkollegen Holman Hunt und John Millais die Gemeinschaft der Präraffaeliten gegründet, ihre Werke sind in der Galerie Tate Britain zu besichtigen. Rossetti empfing im Haus neben vielen anderen den Schriftsteller George Meredith und den führenden Kunsthistoriker jener Tage, John Ruskin. Auch William Morris, der ja nicht weit entfernt wohnte, kam oft zu Besuch. Rossetti führte ein offenes Haus und gab viele rauschende Feste. Zudem hatte er in seinem Garten einen Zoo mit exotischen Tieren, u. a. besaß er einen vielbestaunten Wombat.

Im selben Haus lebte rund ein Jahrhundert später Paul Getty jr. In Nr. 21, den Carlyle Mansions, starb 1916 der

Romancier Henry James. Nach ihm wohnten hier der Historiker Arnold Toynbee, der ebenfalls aus Amerika stammende Dichter T. S. Eliot (der 1948 den Nobelpreis für Literatur erhielt) und der James Bond-Erfinder Ian Fleming. Im Lindsey House, Nr. 96 Cheyne Walk, lebte und arbeitete der amerikanische Maler James Abbot McNeill Whistler. Von ihm stammt das bekannte Porträt des Historikers Thomas Carlyle. Whistler malte Carlyle schräg von hinten, der große Geschichtswissenschaftler blickt über seine Schulter den Betrachter an.

In Nr. 118 schließlich verbrachte William Turner die letzten zehn Jahre seines Lebens, er verbarg sich hier hinter dem Namen Mr. Booth.

In der ersten Hälfte des 19. Jahrhunderts besuchte der französische Schriftsteller Stendhal London. Vielleicht haben ihn die Häuser am Cheyne Walk zu dem folgenden Satz veranlaßt: »London rührte mich durch seine Promenaden an der Themse nach Little Chelsea sehr. Dort standen Häuschen zwischen Rosensträuchern versteckt; sie wirkten auf mich wie eine wahre Elegie.«

Um die Ecke vom Cheyne Walk finden wir das Sträßchen Cheyne Row. Hier wohnte im Haus Nr. 24 ab dem Jahr 1837 für 47 Jahre bis zu seinem Tod der schottische Historiker Thomas Carlyle mit seiner Frau Jane. Das Domizil ist mit der originalgetreuen Einrichtung zu besichtigen. Im Chelsea Embankment Garden am Ende des Cheyne Walk befindet sich eine lebensgroße Statue des Hausherrn, wie er gedankenversunken auf einem Stuhl sitzt. Carlyle schrieb nach dem Einzug an seine Mutter, daß »Chelsea ein unmodischer Platz ist, und das ist das Geheimnis« und daß »hier Luft und Ruhe herrschen«. Nachdem er das Haus in Cheyne Row gemietet hatte, beschrieb er es in einem Brief an seine Frau Jane: »Das Haus ist bedeutend, antik; holzgetäfelt bis zur Decke, und alles ist neu gestrichen und renoviert; eine breite Treppe mit einem massiven Geländer (im alten Stil); Fußböden stabil wie ein Felsen, das Holz von innen hier und da ein wenig wurmstichig; ein höchst massives, geräumiges, ausreichendes altes Haus.« £ 35 Miete kostete es im Jahr.

Carlyle war einer der bedeutendsten Intellektuellen seiner Zeit. Die großen Geister der viktorianischen Epoche gingen bei ihm ein und aus, so der Hofdichter Lord Tennyson, der Poet Coleridge, die Schriftsteller Charles Dickens und William Thackeray und der Maler James Abbot McNeill Whistler. Bekannt geworden war Carlyle mit seinem 1837 erschienenen dreibändigen Werk über die Französische Revolution. Danach verfaßte er grundlegende Arbeiten über Friedrich II. von Preußen sowie über das Leben von Friedrich Schiller. Sein Buch *Über Helden und Heldenverehrung und das Heldentümliche in der Geschichte*, in dem er charismatische Figuren der Weltgeschichte in prägnanten biographischen Essays zum Leben erweckte, wurde schon bald zum Klassiker. Goethe sagte schon 1827 über ihn: »Carlyle ist eine moralische Macht von großer Bedeutung. Es ist in ihm viel Zukunft vorhanden und es ist gar nicht abzusehen, was er alles leisten und wirken wird.« Da war der so Gepriesene erst 32 Jahre alt, und die großen Bücher, die ihn als einen der einflußreichsten Männer des 19. Jahrhunderts ausweisen sollten, hatte er noch nicht geschrieben. Ein englischer Kritiker notierte: »Carlyle war für England das, was sein großer Held Goethe schon lange für Deutschland war – ein alter Prophet, dessen persönliche Urteile über Menschen und Dinge ungeduldig begehrt und die begehrlich aufgezeichnet und weitererzählt wurden.« George Eliot, die nicht gerade als Bewunderin von Carlyle galt, mußte um 1855 immerhin zugeben, daß

»es eine müßige Frage ist, ob seine Bücher in einem Jahrhundert noch gelesen werden. Denn es gibt kaum einen überlegenen und aktiven Geist in Carlyles Generation, der nicht von seinen Schriften beeinflußt wäre, und jedes englisches Buch, das in den letzten zehn oder zwölf Jahren erschienen ist, hätte anders ausgesehen, wenn Carlyle nicht gelebt hätte.«

Virginia Woolf schrieb 1932 in ihrem Essay *Häuser berühmter Menschen*: »Nehmen wir zum Beispiel die Carlyles. Eine in ihrem Haus in Cheyne Row verbrachte Stunde vermittelt uns mehr, als wir aus allen Biographien erfahren können. Gehen Sie einmal hinunter in die Küche: Dort wird man mit einer Tatsache bekannt gemacht, die dem Biographen Froude entging und dennoch von einer kaum zu überschätzenden Bedeutung für sie war: Sie hatten keine Wasserleitung. Jeder Tropfen, den die Carlyles verbrauchten – und sie waren als Schotten geradezu von fanatischer Reinlichkeit, mußte von Hand aus einem Brunnen in der Küche hochgepumpt werden. [...] Das hohe, alte Haus ohne fließendes Wasser, ohne elektrisches Licht, ohne Gasheizung, voll von Büchern und Kohlenrauch, Himmelbetten und Mahagonischränken, in dem zwei hochnervöse und anspruchsvolle Menschen jahraus, jahrein lebten, wurde von einem einzigen unglücklichen Dienstmädchen in Ordnung gehalten. [...] Oben im Dachgeschoß unter einem Deckenlicht saß Carlyle auf einem roßhaarbezogenen Stuhl und stöhnte, während er mit der Geschichte rang; ein Strahl gelben Londoner Lichts fiel auf seine Papiere, und eine Drehorgel und die rauhen Rufe der Straßenhändler drangen durch die Wände, die, obwohl doppelt so dick wie heute üblich, die Geräusche zwar dämpften, aber keineswegs ausschlossen.« Mit diesem letzten Satz bezog sich Virginia Woolf auf den »schalldichten« Raum, den sich Carlyle 1853 im Dachgeschoß bauen ließ. Er benötigte absolute Ruhe für seine Arbeit, zudem hatte er einen leichten Schlaf. Jeden Raum des Hauses hatte er ausprobiert, in keinem fand er die gewünschte Ruhe. In dem einen störte ihn das Klavierspiel des Nachbarn, im anderen konnte er einen Papagei schimpfen hören, und im dritten störte ihn das Gegacker »teuflischen Geflügels«. So ließ Carlyle eine Treppe in das Dachgeschoß bauen und einen Raum in der Mitte desselben, der durch Hohlräume und eine dicke Isolierung von den Außenmauern getrennt war. Durch eine Glaskuppel in der Decke fiel Tageslicht in das fensterlose Zimmer. Leider war der Angelegenheit kein Erfolg beschieden. Die Geräusche vom Bootsverkehr auf der Themse und das gackernde Geflügel störten ihn auch hier oben.

Nachdem wir Albert Bridge von 1873 passiert haben, die von jeweils 16 schmiedeeisernen Stäben und zwei dekorativen Türmen gehalten wird, wandern wir auf Chelsea Embankment weiter. Diese Uferbefestigung der Themse wurde 1874 eröffnet und war mit Abwasserrohren versehen, so daß das Schmutzwasser nicht mehr ungeklärt in den Strom fließen konnte. Sir Joseph Bazalgette, der viele Londoner Brücken baute, zeichnete für diese Hygienemaßnahme verantwortlich.

Am Anfang von Chelsea Embankment befindet sich hinter einer hohen Mauer der Chelsea Physics Garden, in dem die Society of Apothecaries einst Heilkräuter anpflanzte. Der kleine Park gehörte einmal zum Haus von Sir Hans Sloane, der seine gigantische Bibliothek sowie seine naturgeschichtliche Sammlung nach seinem Tod 1753 dem britischen Staat vermachte; die Schenkung bildete die Basis für das Britische Museum im Stadtteil Bloomsbury. Eine Statue in dem kleinen Park ehrt den Stifter. In dem Garten wurden übrigens die ersten Baumwollpflanzen Englands gezogen, von denen Auswanderer Ableger mit nach Amerika nahmen und in Georgia anpflanzten. Damit war der Grundstock für den Baumwollanbau in den amerikanischen Südstaaten gelegt. Für Gartenliebhaber ist sommertags ein Spaziergang durch den Park ein Muß: Hier wachsen uralte Bäume und über 700 verschiedene Arten von Gewürzen und Heilkräutern.

Hinter dem Garten zweigt die Tite Street von Chelsea Embankment nach Norden ab. Zuerst in Haus Nr. 3, später in Nr. 34 lebte Oscar Wilde. Hier entstand sein berühmter Roman *Das Bildnis des Dorian Gray*, und hier besuchten ihn seine Freunde, McNeill Whistler, John Ruskin, die Schauspielerin Sarah Bernhardt, der irische Dramatiker William Butler Yeats und Mark Twain. Auch sein späterer Geliebter Lord Alfred Douglas gehörte zu den Gästen. Douglas' Vater, der Duke of Queensbury, zeigte Wilde an, der, wie schon erwähnt, daraufhin eine Haftstrafe im Reading Gaol absitzen mußte. Im Poets Corner in Westminster Abbey, wo viele bekannte englische Schriftsteller und Dichter geehrt werden, wurde sein Name erst 1995 aufgenommen. Fast ein Jahrhundert hatte es gedauert, bis die kirchlichen Autoritäten seine Homosexualität akzeptierten.

In der Nähe von Wilde, in der Tite Street Nr. 31, lebte von 1885 bis zu seinem Tod 1925 der amerikanische Maler John Singer Sargent, der heute, anders als zu Lebzeiten, als großer Porträtist anerkannt ist. Sargent verewigte seinen Landsmann Henry James, der um die Ecke in den Carlyle Mansions (Cheyne Walk Nr. 21) sein Domizil hatte, in einem Ölgemälde.

Weiter entlang Chelsea Embankment erreichen wir die Ranelagh Gardens, die 1742 der Öffentlichkeit zugänglich gemacht und sofort zu einem beliebten Ausflugsziel der Londoner wurden. In dem damals 27 Hektar großen Park gab es einen See mit einem Pavillon auf einer künstlich angelegten Insel, einen venezianischen Palazzo, einen chinesischen Tempel und eine große Rotunde. Hier konzertierte Mozart, als er 1764 in London war. Der Eintrittspreis betrug zwei Shilling und Sixpence; Tee gab es kostenlos. Wenn ein Feuerwerk anstand, mußten die Besucher fünf Shilling zahlen. An Sonn- und Feiertagen schien sich ganz London hier zu vergnügen. Horace Walpole schrieb: »Man kann kaum den Fuß aufsetzen und schon trifft man auf einen Prinzen oder einen Grafen.« Viel ist davon nicht mehr übriggeblieben, heute gehören die Parkanlagen zum Royal Hospital. Darin verbringen seit dem Jahr 1689 rund 500 verdiente Veteranen der Armee ihren Ruhestand. Die Initiative dazu geht auf Karl II. zurück, der das kurz zuvor erbaute Hôtel des Invalides in Paris zum Vorbild nahm. Sir Christopher Wren leitete die Bauarbeiten und entwarf die großen, sich um mehrere Innenhöfe gruppierenden Gebäudekomplexe. Thomas Carlyle bemerkte zur Architektur des königlichen Hospitals: »Ruhe und majestätische Würde – das Werk eines Gentleman.«

Zu besichtigen sind die Große Halle, die als Speisesaal dient und an deren Stirnseite ein großes Gemälde König Karl II. vor dem Royal Hospital zeigt sowie ein kleines Museum zur Geschichte der Pensionärsstätte und die Kapelle.

Im Straßenbild von Chelsea sieht man die Veteranen allerorten. Im Sommer tragen sie eine scharlachrote Uniform mit einem schwarzen, goldumrandeten Dreispitz, im Winter ihre dunkelblaue Dienstkleidung und auf dem Kopf eine Schirmmütze. Orden und Ehrenzeichen schmücken die Brust.

In den Parkanlagen rund um das Royal Hospital findet alljährlich im Mai die Chelsea Flower Show statt, zu der die gartenbegeisterten Briten in Massen pilgern. Traditionell wird die Gartenschau von Königin Elizabeth eröffnet, die in ihrer jahrzehntelangen Herrschaft das Ereignis erst einmal versäumt hat. Die Royal Horticultural Society veranstaltet die Show und prämiert die besten Blumenzüchtungen ihrer Mitglieder.

An den Parkanlagen des Royal Hospital überspannt Chelsea Bridge die Themse. Eine erste Hängebrücke wurde hier von 1851 bis 1858 errichtet. Als man mit den Ausschachtungen der Fundamente begann, fanden die Arbeiter menschliche Skelette und viele Knochen sowie römische und keltische Waffen. Hier mußte also einmal eine Schlacht zwischen Römern und Briten getobt haben. 1934 ersetzte man die ursprüngliche Brücke durch eine neue Überspannung.

➜ Carlyle House, April-Okt. Mi., Do., Fr. 14-17, Sa., So. 11-17 Uhr

17 Chelsea Bridge bis Westminster Bridge

Auf dem Themse-Pfad 3,2 km – Tate Britain – Vauxhall Pleasure Garden – Houses of Parliament – Riesenrad London Eye – Guy Fawkes und der Gunpowder Plot

Von der Chelsea Bridge geht es nun auf der linken Flußseite zur Vauxhall Bridge. 1811 begann der damals bekannte Architekt John Rennie mit den Planungen für diese Brücke, doch zwei Jahre später befand die Stadtverwaltung seine Ausführungen als zu teuer, und James Walker setzte eine preiswertere gußeiserne Konstruktion über den Fluß, die 1816 unter dem Namen Regent's Bridge eröffnet wurde.

Es war die erste Eisenbrücke im Londoner Stadtgebiet. Zwischen 1895 und 1906 dann entstand die heutige Überspannung nach Plänen von Sir Alexander Binnie. Die allegorischen Figuren, die die Brücke zieren, arbeiteten die beiden Bildhauer Alfred Drury und F. W. Pomeroy aus. Stromabwärts finden wir Wissenschaft, Künste, Stadtverwaltung und Erziehung, stromaufwärts Töpfer- und Ingenieurskunst, Architektur sowie Landwirtschaft dargestellt.

Das große Bürogebäude auf der anderen Flußseite – eine Mischung aus Art Deco und postmoderner Architektur – beherbergt den Geheimdienst Großbritanniens.

Wenige Schritte bringen uns von Vauxhall Bridge zur Tate Britain, deren Vorderfront von einem mächtigen Portikus mit korinthischen Säulen geschmückt ist und zu der eine große Freitreppe hinaufführt. Der Zuckerfabrikant Sir Henry Tate ließ das Gebäude für seine Sammlung britischer Kunst errichten. 1897 wurde das Museum eingeweiht. Im 20. Jahrhundert wurde es viermal vergrößert, und 1987 kam der Anbau der Clore Gallery hinzu, in dem fast das gesamte Œuvre William Turners hängt: 300 Gemälde sowie rund 20000 Zeichnungen und Aquarelle des Künstlers. In der Tate hängen die Werke aller bedeutenden englischen Maler vom 16. bis zum 19 Jahrhundert.

Auf der gegenüberliegenden Uferseite erstreckten sich einmal die Vauxhall Pleasure Gardens, ein Vergnügungspark, der um 1660 errichtet wurde. Zu erreichen war das Ausflugsareal bis zur Fertigstellung der Westminster Bridge 1750 nur mit Fährbooten. Das tat der Popularität keinen Abbruch, wie Samuel Pepys mehrfach in seinem Tagebuch berichtet. »Wie so oft konnte ich der Versuchung nicht widerstehen und lud Mrs. Horsley zu einem Ausflug nach Vauxhall ein. Wir amüsierten uns prächtig, und ich gab insgesamt 20 Shilling aus. Besonders lustig war ein Bursche, der alle möglichen Vogelstimmen, Hundegebell und Schweinegrunzen imitieren konnte.«

Die Betreiber des Parks bauten künstliche Ruinen, zierten das Gelände mit Bögen und Statuen, einem chinesischen Pavillon und einem Orchesterstand, in dem 50 Musiker aufspielten. 1859 wurde der Vergnügungsgarten geschlossen.

Wenige Schritte nach der Tate Gallery erreichen wir Lambeth Bridge. Bis zum Jahr 1750, in dem die ein Stückchen weiter stromabwärts gelegene Westminster Bridge errichtet wurde, gab es hier eine der wenigen Fähren im Londoner Stadtgebiet, die auch Pferdekutschen übersetzte. 1861 dann wurde eine erste Hängebrücke über die Themse gespannt, deren drei Brückenglieder eine Spannweite von je 81 m hatten. Von 1929 bis 1932 entstand die heutige Überspannung, die auf fünf stählernen Bögen ruht.

Noch wenige Meter Spaziergang, und wir haben Westminster mit den Houses of Parliament erreicht.

Dieser Teil Londons geht auf den angelsächsischen König Eduard den Bekenner (1042-1066) zurück, der sich ein Stückchen weiter westlich der damaligen Stadt am Ufer des Flusses einen kleinen Palast samt Kirche und Kloster errichten ließ. Nachdem Wilhelm der Eroberer 1066 in der Schlacht von Hastings gesiegt und England unterworfen hatte, übernahm er bis zur ersten Fertigstellung des Towers die Residenz seines Vorgängers. Sein mißratener Sohn Rufus (1087-1101) ließ dann die Westminster Hall errichten, in der über die Jahrhunderte hinweg die politischen Entscheidungen jener Tage getroffen wurden und bedeutende Prozesse stattfanden. So zwang man hier Richard II. 1399, die Krone an seinen Vetter Heinrich abzugeben, und Thomas Morus wurde des Hochverrates für schuldig befunden. 1649 wurde Karl I. zum Tode verurteilt, wenige Jahre später wurde sein Widersacher Oliver Cromwell an derselben Stelle zum Lord Protector ernannt. Winston Churchill war hier aufgebahrt, und 2002 nahm die Bevölkerung in Westminster Hall von Queen Mum Abschied.

1567 zogen das Ober- und Unterhaus in die ehrwürdigen Gebäude ein, und am 5. November 1605, dem Tag der Parlamentseröffnung, versuchten katholische Verschwörer unter ihrem Anführer Guy Fawkes König Jakob I. und seine Abgeordneten in die Luft zu sprengen. Dazu lagerten sie große Mengen an Schwarzpulver in den ausgedehnten Kellergewölben. Ihr Ziel war, einen katholischen Monarchen auf Englands Thron zu installieren. Doch die Verschwörung konnte rechtzeitig aufgedeckt werden, Guy Fawkes und seine Kumpane wurden hingerichtet. Seitdem werden alljährlich zu der Parlamentseröffnung Ende Oktober/Anfang November die Keller von Wachen in historischen Kostümen nach einem festgelegten Ritual untersucht, und am Tag des sogenannten Gunpowder Plot ziehen die Kinder durch die Straßen, bitten um einen »Penny for the Guy« und singen dazu: »Remember, remember, / the fifth of November: / Gunpowder, treason and plot, / there is no reason/why gunpowder treason/should ever be forgot.«

Im Oktober 1834 brannten die Houses of Parliament in einem verheerenden Feuer nieder, das durch die Unvorsichtigkeit von zwei Arbeitern entstanden war. Ein Architekturwettbewerb zur Neugestaltung wurde ausgeschrieben, und Charles Barry setzte sich in Zusammenarbeit mit Augustus W. Pugin gegen fast hundert Mitbewerber mit seinem Entwurf durch. 1840 begannen die Arbeiten, die 20 Jahre dauern sollten, 1847 konnten die Lords des Oberhauses einziehen, 1852 dann hatten auch die Commons ihren

Sitzungssaal, und 1858 war der Uhrturm Big Ben fertiggestellt. Seinen Namen hat er von der großen Glocke, deren stündliches Glockenspiel weltberühmt ist und eine Melodie aus Händels *Messias* wiedergibt. Virginia Woolf beschrieb in ihrem Roman *Mrs. Dalloway*, »wie beim Schlag der Glocke die bleiernen Ringe der Zeit unwiderruflich in der Luft zergehen«. Die erste, 16 Tonnen schwere Glocke im Uhrturm zersprang, als sie zum erstenmal die Zeit akustisch anzeigen sollte, der zu mächtige Klöppel zertrümmerte die zu schwache Legierung. Die zweite, 2,5 Tonnen leichtere Glocke läutet noch heute die Stunden ein.

Tagt das Parlament noch nach Einbruch der Dunkelheit, so erkennt man das daran, daß oberhalb des Zifferblattes der Uhr von Big Ben eine Lampe brennt. Die Parlamentsdebatten sind natürlich öffentlich, der interessierte Besucher kann sich ab 14.30 Uhr in die Schlangen vor dem 1860 fertiggestellten Victoria Tower einreihen, um auf die Besuchergalerie zu gelangen. In den Parlamentsferien können die Houses of Parliament in einer geführten Tour besichtigt werden.

Beim Big Ben führt die Westminster Bridge über die Themse hinüber nach Lambeth. Schon gegen Ende des 17. Jahrhunderts gab es Pläne für eine Stromüberspannung, aber die Fährschiffer legten vehement Widerspruch ein, fürchteten sie doch um ihre Einnahmen. Doch das stetig steigende Verkehrsaufkommen führte in den 20er Jahren des 18. Jahrhunderts zu neuen Plänen, die ab 1738 nach einem Entwurf des Architekten Colen Campbell realisiert wurden. In einer farbenprächtigen Prozession wurde die neue Brücke 1750 für die Öffentlichkeit freigegeben.

Karl Philipp Moritz jubilierte auf seiner England-Reise 1782 bei der Fahrt über die Brücke: »Endlich kamen wir an die prächtige Westminster-Brücke. Es ist, als ob man über diese Brücke eine kleine Reise tut, so mancherlei Gegenstände erblickt man von derselben. Im Kontrast gegen die runde, moderne, majestätische Paulskirche zur Rechten, erhebt sich zur Linken die altfränkische, längliche Westminster-Abtei mit ihrem ungeheuren spitzen Dache. Zur rechten Seite die Themse hinunter sieht man die Blackfriars-Brücke, die dieser an Schönheit nicht viel nachgibt. Am linken Ufer der Themse, schön mit Bäumen besetzte Terrassen und die neuen Gebäude, welche den Namen Adelphi Buildings führen. Auf der Themse selbst eine große Anzahl kleiner hin- und herfahrender Boote mit einem Mast und Segel, in welchen sich Personen von allerlei Stande übersetzen lassen, wodurch dieser Fluß beinahe so lebhaft wird wie eine Londoner Straße. Große Schiffe sieht man hier nicht mehr, denn die gehn am anderen Ende der Stadt nicht weiter als bis an die Londner Brücke.«

Einige Jahre nach Moritz' Besuch kam es zu Problemen mit den Fundamenten der Westminster Bridge, die allerdings 1837 behoben werden konnten. Als diese Arbeiten abgeschlossen waren, entschieden sich die Autoritäten dann doch für einen Neubau. Sir Charles Barry, der Architekt der Houses of Parliament, entwarf die heutige, aus Gußeisen errichtete Brücke. Es lohnt sich in jedem Fall, hinüber auf die andere Flußseite zu gehen – schon wegen des Blicks auf die lange neogotische Fassade des Parlamentsgebäudes.

Das ist am südlichen Ufer aber beileibe nicht die einzige Attraktion, denn das weltgrößte Riesenrad British Airways London Eye ragt hier 137 m hoch in den Himmel. Eine Fahrt dauert 30 Minuten, und man hat einen unvergleichlichen Blick über die ganze Stadt. An klaren Tagen kann man bis zu 40 km weit schauen. Auch eine Fahrt nach Einbruch der Dunkelheit ist ein Erlebnis, dann reicht das Lich-

Das Riesenrad London Eye

termeer von Horizont zu Horizont. Die 32 vollverglasten Gondeln fassen jeweils 25 Passagiere. Es ist ratsam, unter der Nummer 0870-5000600 die Karten vorzubuchen, denn die Schlangen vor den Ticketschaltern sind lang. Die 1600 Tonnen schwere Stahlkonstruktion wurde in siebenjähriger Bauzeit errichtet, wobei die Einzelteile in verschiedenen Ländern Europas gefertigt und per Lastkahn die Themse aufwärts geschafft wurden. Das Riesenrad wurde liegend montiert und dann Ende 1999 in die Vertikale gezogen. Dabei hatten die Ingenieure aber arge Mühe, und die Londoner machten sich über die »Erection Problems« von British Airways lustig. Die britische Billigfluglinie Virgin ließ einen Heißluftballon mit der Aufschrift »British Airways can't get it up« über der Baustelle kreisen.

18 Westminster Bridge bis Tower Bridge

Auf dem Themse-Pfad 6,2 km – The Great Stink – Kleopatras Nadel – Tate Modern – Shakespeares Globe Theatre – Der Große Brand von London – Anchor Pub – Sir Francis Drakes Golden Hinde – HMS Belfast – Tower Bridge – Tower of London

An der Westminster Bridge beginnt am nördlichen Ufer Victoria Embankment, eine der herausragenden städtebaulichen Leistungen des 19. Jahrhunderts. Vorausgegangen war »The Great Stink«, wie die satirische Zeitschrift *Punch* die unerhörten Belästigungen durch eine stinkende, jaucheführende Themse nannte. Nachdem beide Kammern des Parlaments in die Houses of Parliament eingezogen waren, konnten sich auch die Abgeordneten von dem infernalischen Gestank überzeugen, der aus dem Fluß aufstieg.

Premierminister Disraeli und seine Kollegen hielten stets ein parfümgetränktes Taschentuch vor die Nase, wenn sie in den Plenarsaal eilten. Dessen Fenster waren fest verschlossen und mit dicken Vorhängen versehen. Jeglicher Ausflugsverkehr auf dem Fluß war zum Erliegen gekommen, Fische gab es keine mehr, und Schwäne waren auch nicht zu sehen. Ausnahmslos alle Abwässer flossen ungeklärt in die Themse. Disraeli erklärte, der Fluß sei ein »stygisches Gewässer, dessen unsäglicher Gestank untragbares Entsetzen auslöse«, und der Wissenschaftler Michael Faraday schieb von »einer opaken, braunen Brühe« und von »Fäkalien, die in dichten Wolken im Wasser treiben«.

1850 war es zu einer verheerenden Cholera-Epidemie gekommen, die rund 20 000 Londoner ihr Leben kostete. Es war ein gewisser Doktor John Snow, der 1858 den Zusammenhang von Cholera und verseuchtem Wasser klärte. Bis dahin hatte man angenommen, daß man sich mit der Krankheit durch Einatmen eines Erregers infizierte (erst 1883 wies Robert Koch die Bazillen zweifelsfrei nach). 1858 war ein besonders heißer und trockener Sommer, alle mieden den Fluß. Es mußte dringend etwas getan werden, um die hygienischen Bedingungen zu verbessern. Sir Joseph Bazalgette ließ in den Folgejahren über 150 km an Abwasserrohren verlegen. Die insgesamt sechs Jahre dauernden Arbeiten verschlangen die ungeheure Summe von £ 1,26 Mio. Victoria Embankment folgten weitere Uferbefestigungen – wie etwa Albert oder Chelsea Embankment –, damit wurde die Cholera in London ausgerottet.

Victoria Embankment mit seinen schmiedeeisernen, mit Delphinskulpturen geschmückten Gaslampen, deren Licht sich abends in den Wellen des Flusses spiegelt, gehört zu dem schönsten Stück Flußpromenade Londons. Parallel dazu ziehen sich die Embankment Gardens. Im Sommer spielen hier Musikgruppen, und im Grün befinden sich eine ganze Reihe von Statuen, u. a. die des schottischen Nationaldichters Robert Burns und ein Abbild des genialen Ingenieurs Isambard Kingdom Brunel. Vom Eingang zur U-Bahn-Station Embankment verläuft die Villiers Street nach Norden. Hier lebte zwischen 1889 und 1891 Rudyard Kipling, der Autor des *Dschungelbuchs* und der erste britische Nobelpreisträger für Literatur. Hier schrieb er die 1892 erschienenen *Barrack Room Ballads* (*Balladen aus dem Biwak*)

Und dann kommt Kleopatras Nadel ins Blickfeld, ein 20 m hoher ägyptischer Obelisk, der auf Geheiß des Pharao Thutmoses um 1500 v. Chr. aus den Rosengranitsteinbrüchen beim oberägyptischen Assuan gewonnen wurde. 1819 machte der damalige Herrscher von Ägypten, Muhammad Ali, die Steinnadel den Briten zum Geschenk, doch die wußten erst einmal gar nicht, wie sie den 186 Tonnen schweren Klotz nach England bringen sollten. Erst 58 Jahre später, im September 1877, wurde der Obelisk auf einer Lastbarke aus dem Hafen von Alexandria geschleppt. Bis in die Biskaya ging alles gut, dort aber geriet der Konvoi in einen schweren Sturm, bei dem sechs Seeleute ertranken. Der Mannschaft gelang es in letzter Minute, einen rettenden spanischen Hafen anzulaufen. Im Januar 1878 erreichte die Nadel dann London und wurde am 13. September desselben Jahres an Victoria Embankment errichtet, flankiert von zwei zeitgenössischen Bronzesphingen. Im Grundstein versenkte man eine Tageszeitung, vier Bibeln in unterschiedlichen Sprachen, einen Rasierapparat, ein Satz Geldmünzen sowie die Fotos der zwölf schönsten englischen Frauen dieser Zeit.

Dann passieren wir Waterloo Bridge, die der damals sehr geschätzte Architekt John Rennie 1811 unter dem Namen

Strand Bridge entworfen hat. Während der Bauarbeiten kam es 1815 bei Waterloo zur siegreichen Schlacht gegen Napoleon. Die Briten entschlossen sich, sie nach dem Ort des großen Sieges zu benennen. In der damaligen Parlamentsentscheidung hieß es, die besagte Brücke sei, »wenn sie einmal fertiggestellt, ein Werk von großer Stabilität und Herrlichkeit und geeignet, der Nachwelt die Erinnerung an große und ruhmreiche Errungenschaften nahezubringen.« Am 18. Juni 1817, zum zweiten Jahrestag der Schlacht, wurde sie für die Öffentlichkeit freigegeben.

1923 sackten zwei Pfeiler ab, und der Verkehr mußte über eine Behelfsüberspannung geführt werden. Gegen großen Widerstand in der Bevölkerung entschlossen sich die Autoritäten, Rennies Brücke abzureißen, und zwischen 1937 und 1942 entstand – ungeachtet der Bombenangriffe der Luftwaffe Nazi-Deutschlands – die heutige Überspannung.

Blickt man von der Waterloo Bridge auf die andere Flußseite, so erkennt man dort eine Reihe von grauen modernen Betonbauten; dies ist das South Bank-Kulturzentrum mit dem National Theatre, dem National Film Theatre, dem MOMI (Museum of the Moving Images), dem Konzertsaal Queen Elizabeth Hall, der Hayward Gallery sowie der Royal Festival Hall.

Weiter entlang Victoria Embankment erreichen wir Blackfriars Bridge. Seit dem Jahr 1769 überspannte hier eine neunbogige, aus Portland-Stein erbaute Brücke die Themse. Die heutige schmiede- und gußeiserne Brücke entstand zwischen 1860 und 1869.

Wenige Schritte noch, und Londons neueste Brücke ist erreicht, die Fußgängerüberspannung Millennium Bridge, die vom Büro des Stararchitekten Sir Norman Forster entworfen wurde. Als nach der Einweihung die ersten Besucher-

massen darüberströmten, geriet die Konstruktion derart in Schwingungen, daß sogleich wieder gesperrt und aufwendig umgebaut werden mußte – eine peinliche Panne für den hochdekorierten Baumeister. Nun aber führt sie Spaziergänger schnurgerade und geradewegs auf die Tate Modern zu, die in dem entkernten monumentalen Ziegelbau der ehemaligen Bankside Power Station, einem Kraftwerk, untergebracht ist. Es wurde 1964 von dem damals weltbekannten Architekten Sir Giles Gilbert Scott errichtet. Nur 16 Jahre lang lieferte die ölbefeuerte Anlage Strom, 1980 stellte das Kraftwerk seinen Betrieb ein. Zwei Jahrzehnte später, Ende der 90er Jahre, entkernte das Basler Architekten-Duo Herzog und de Meuron den denkmalgeschützten Bau und machte daraus das größte Kunstmuseum der Welt. Hier sind nun die Bestände der Tate Gallery of Modern Art untergebracht (in London kurz und bündig Tate Modern). Die eine Hälfte des Gebäudes nimmt auf voller Länge die ehemalige Turbinenhalle ein, unter deren 35 m hoher Decke noch immer die Laufkräne hängen. Heute dienen sie dazu, schwere Skulpturen in diesem gigantischen Saal aufzustellen. In die andere Hälfte zogen die Architekten mehrere Geschosse ein, in denen die Werke der Maler des 20. Jahrhunderts gezeigt werden. Alle Großen sind hier vertreten: Salvador Dalí, Marcel Duchamp, Henri Matisse, Piet Mondrian, Pablo Picasso, Jackson Pollock, Andy Warhol . . .
Wenige Schritte weiter flußabwärts gelangen wir zum originalgetreu wiederaufgebauten Komplex von Shakespeares Globe Theatre.
»Oh! Eine Feuermuse, die hinan / Den hellsten Himmel der Erfindung stiege! / Ein Reich zur Bühne, Prinzen drauf zu spielen, / Monarchen, um der Szene Pomp zu schaun! / Dann käm, sich selber gleich, der tapfre Heinrich / In Mars-

gestalt; wie Hund an seinen Fersen / Gekoppelt, würde Hunger, Feuer und Schwert / Um Dienst sich schmiegen. Doch verzeiht, ihr Teuren / Dem schwunglos seichten Geist, ders gewagt, / Auf dies unwürdige Gerüst zu bringen / Solch großen Vorwurf. Diese Hahnengrube, / Faßt sie die Ebnen Frankreichs? Stopft man wohl / In dies O von Holz die Helme nur, / Wovor bei Azincourt die Luft erbebt?«

Vor über 400 Jahren sprach zum erstenmal ein Schauspieler diese Sätze aus *Heinrich V*. Mit dieser Erstaufführung wurde 1598 das Globe Theatre eingeweiht, in dem fortan die Dramen Shakespeares auf die Bühne kamen. Im Prolog zu *Heinrich V.*, den wir gerade gelesen haben, nahm Shakespeare auch Bezug auf die runde Bauweise seines Schauspielhauses und beschrieb es als »this wooden O«, dies »O von Holz«.

Im Londoner Stadtteil Southwark, direkt am Ufer der Themse, ist kurz vor der Jahrtausendwende das neu und originalgetreu errichtete Globe Theatre wieder eröffnet worden, in dem man heute Theater wie zu Shakespeares Zeiten erleben kann. Die Schauspieler agieren auf einer strohbedeckten Bühne, die Zuschauer applaudieren von zugigen Balkonen; weder elektrisches Licht noch Lautsprecheranlage oder Heizung sorgen für Effekte oder Behaglichkeit.

Daß dieses von Shakespeare-Freunden vielgepriesene Projekt tatsächlich Realität geworden ist, ist dem amerikanischen Schauspieler und Intendanten Sam Wanamaker zu verdanken. Als dieser vor 50 Jahren nach London kam, war er entsetzt darüber, wie stiefmütterlich die Briten mit dem Erbe ihres großen Dramatikers umsprangen. Mehr als 20 Jahre lang kämpfte er gegen ignorante Bürokraten und zynische Bodenspekulanten, um seinen Traum zu verwirklichen. 1981 pachtete er vom Southwark Council ein Themse-Grundstück zu äußerst günstigen Konditionen. Drei Jahre später sorgte der linke Labour-Flügel im Bezirksrat von Southwark für eine erneute Zitterpartie auf dem Weg zur Realisierung des Projektes. »Elitär« nannten die Lokalpolitiker Wanamakers Pläne; die einfallslosen Volksvertreter wollten das Pachtland für Wohnungsbauten ausweisen. Der Amerikaner zog vor Gericht und bekam 1986 sein Recht.

Die Eröffnung des Globe Theatre 1997 erlebte Wanamaker nicht mehr: er starb am 18. Dezember 1993.

Daß Shakespeares Globe Theatre 1598 am südlichen Themse-Ufer, gegenüber der City of London, errichtet wurde, hatte natürlich seinen Grund. Denn in der City wachten der Lord Mayor, der Bürgermeister, und die Gilden streng über die Moral der betuchten Bürger. Und zu einem ordentlichen Lebenswandel gehörte, daß man alle Vergnügungen, dazu gehörte auch das Theater, mied. Am gegenüberliegenden Themse-Ufer hatten diese Autoritäten jedoch nichts zu melden, denn hier residierten die Bischöfe von Winchester, und die waren aufgrund ihrer defizitären Haushaltspolitik ständig in Geldnöten. Da lag es für den hohen Klerus nahe, sich an den unmoralischen Aktivitäten des Volkes zu bereichern, und so tummelten sich rund um den Bischofspalast Gaukler und Schauspieler. Die Londoner Bürger raunten sich unter der Hand das Markenzeichen dieses Viertel zu, die vier »P«: Pubs, Prisons, Prostitutes und Playhouses, also Kneipen, Schuldgefängnisse, Prostituierte und eben auch Schauspielstätten. Natürlich verboten die Behörden der City of London, daß in ihren Mauern Werbung für das Globe gemacht wurde, doch die Theaterleute wußten sich zu helfen. Wann immer eine Vorstellung anstand, hißten die Schauspieler auf dem Dach große Fahnen, und zwar eine schwarze, wenn eine Tragödie auf dem Spielplan stand, eine weiße, wenn eine Komödie gegeben wurde, und eine rote, wenn ein historisches Stück zur Aufführung kam. Da reichte ein Blick über die Themse, und jeder in der City wußte, was am Abend gespielt wurde.

Im heutigen Globe finden von Mai bis September Matineen und Abendvorstellungen statt. Karten gibt es immer, denn wenn auch die Ränge ausverkauft sind, faßt das Rund des Aufführungshauses noch 600 stehende Zuschauer. Wie in Shakespeares Tagen werden diese Zuschauer Groundlings, die Gründlinge, genannt. In einem Nebengebäude informiert eine Dauerausstellung über die Geschichte des Theaters. Außerdem gibt es jede halbe Stunde geführte Touren, bei denen man viel Interessantes über das Theater in Shakespeares Zeit erfährt.

Vom Globe weiter flußabwärts unterqueren wir die Southwark Bridge, mit deren Bau man nach Plänen von John Rennie 1814 begann. Fünf Jahre später war die dreibogige gußeiserne Brücke fertiggestellt. Der mittlere Bogen hatte eine Spannweite von über 70 m; damit war Southwark Bridge damals die größte aus Gußeisen hergestellte Überspannung. Die heutige Stahlkonstruktion entstand zwischen 1912 und 1921.

Nach wenigen Schritten erreichen wir einen der ältesten Pubs Londons, den Anchor Pub. Seit dem 15. Jahrhundert ist an dieser Stelle eine Taverne namens Castle on the Hoop verbürgt. Da das Globe Theatre nur um die Ecke lag, hat wahrscheinlich schon Shakespeare hier sein Ale getrunken. Der Schriftsteller Dr. Samuel Johnson (1709-1784) wohnte gar einmal ein ganzes Jahr in der Taverne. Weitere berühmte Zecher waren der Maler und Porträtist Sir Joshua Reynolds (1723-1792), der Shakespeare-Darsteller David Garrick (1717-1779), der Schriftsteller Oliver Goldsmith (1728-1774), der nahebei eine Arztpraxis betrieb, und der Schriftsteller und liberale Politiker Edmund Burke (1729-1797).

Der Anchor ist erst kürzlich umfassend renoviert worden, bietet mehrere Bars und Restaurant-Räume; bei schönem Wetter kann man draußen direkt am Fluß bei einem durstlöschenden Pint of Bitter sitzen.

Am 2. September 1666 beobachtete Samuel Pepys von diesem Pub aus den Großen Brand von London: »Je dunkler es wurde, desto größer erschien das Feuer, in allen Winkeln, auf Hügeln, zwischen Häusern und Kirchen, so weit man sehen konnte, bis hinaus zur City leuchtete die schreckliche, böse, blutrote Flamme, nicht wie die Flamme eines gewöhnlichen Feuers. Wir blieben, bis man das Feuer als einen einzigen riesigen Bogen von dieser bis zur anderen Seite der Brücke sah, ein Bogen, der etwa eine Meile lang war. Der Anblick machte mich weinen. Die Kirchen, Häuser, alles in Flammen, ein schreckliches Getöse, wenn die Häuser zusammenstürzten.«

Schaut man vom Anchor Pub flußabwärts auf die andere Themse-Seite, so erkennt man, eingeklemmt zwischen Hochhäusern, eine schlanke, 62 m hohe dorische Säule, auf deren Spitze sich eine Urne befindet, aus der eine stilisierte vergoldete Flamme herauslodert. Dieses Monument erinnert an den Großen Brand von London. Dieser brach nämlich genau 62 m (deshalb die Höhe der Säule) vom Standort in der damaligen Pudding Lane aus. Die Säule wurde zwischen 1671 und 1677 von Sir Christopher Wren errichtet.

Das Feuer war kurz nach Mitternacht in einer Bäckerei ausgebrochen, und die Flammen griffen rasch um sich. Durch den heißen Sommer waren die Holzhäuser ausgedörrt und brannten wie Zunder. Als man den Lord Mayor aus dem Bett holte, schaute der nur mißbilligend auf die lodernden Flammen, zuckte mit den Schultern, murmelte »A woman might piss it out« und ging wieder schlafen. Wie alltäglich ein Brand in jenen Tagen war und wie selten Löschmaßnahmen eingeleitet wurden, kann man auch an Samuel Pepys' lapidarem Tagebucheintrag ablesen. »Ungefähr um 3 Uhr morgens weckte uns Jane und sagte, daß man in der Stadt ein großes Feuer sehen könne. Ich stand auf, schlüpfte in meinen Morgenrock und ging an Janes Fenster. Es sah so aus, als sei das Feuer hinten in der Mark Lane. Ich legte mich wieder schlafen.«

Eilige Flucht bot die einzige Rettung. Panik brach aus! Hören wir Pepys: »Jeder versucht, sein Hab und Gut zu retten, es in den Fluß zu werfen oder in kleine Boote. Beobachtete etwa eine Stunde lang, wie das Feuer sich nach allen Seiten ausbreitete und niemand Anstalten zum Löschen machte – alle kümmerten sich nur um ihre Habseligkeiten und überließen das Feuer sich selbst. Der starke Wind treibt das Feuer in die City, und nach der langen Trockenheit ist jetzt alles leicht entzündlich.«

Vier Tage tobte der Brand und zerstörte weit mehr als die Hälfte der Stadt. Auf 400 Straßen und Plätzen rauchten die Trümmer von 13 200 Häusern, von 109 Kirchen standen nur noch 25, 44 Zunfthäuser, die Guildhall, drei Stadttore, das Zollamt und Billingsgate Fish Market fielen den Flammen zum Opfer. 250 000 Menschen waren obdachlos, Notquartiere wurden errichtet, und der Lord Mayor ließ unversehrte Kirchen für die herumirrenden Familien öffnen. Laut behördlichen Angaben kamen nur sechs Personen bei dem Brand ums Leben, doch kann man wohl davon ausgehen, daß es weitaus mehr waren.

An der Ecke der Straßen Bank End und Clink Street befindet sich das Ausstellungsgebäude Vinopolis – City of Vine, das rund um den Wein informiert. In der Cantina kann man 190 Weine aus aller Welt probieren. Wenige Schritte weiter die Clink Street hinab stehen wir vor dem Clink Prison Museum, das mit den Schrecken der Haft in einem Schuldgefängnis vertraut macht. Im Jahr 1509 wurde das Gefängnis erstmals urkundlich erwähnt. Die Haftbedingungen waren derart hart, daß das Wort Clink in die englische Umgangssprache einging und soviel wie »Knast« bedeutet.

Einige Meter weiter entlang Clink Street befinden sich die Reste des ehemaligen Palastes der Bischöfe von Winchester, die jahrhundertelang über den südlichen Teil Londons herrschten; lediglich eine hohe Giebelmauer mit einer Fensterrosette ist erhalten geblieben.

Clink Street öffnet sich nun auf das St. Mary Overrie-Dock, in dem die Bewohner über viele Jahre zollfrei ihre Waren umschlagen konnten. Hier liegt ein originalgetreuer Nachbau der Golden Hinde, jenes Schiffes, mit dem Sir Francis Drake von 1577 bis 1580 als erster Engländer die Welt umrundete.

Der heutige Dreimaster lief 1973 vom Stapel und segelte 1979/80 auf der gleichen Route einmal um die Erde. Weitere Reisen unternahm der Segler durch den Panama-Kanal, in die Karibik und an die Westküste Kanadas. Das Schiff hat über 100 000 nautische Meilen zurückgelegt, mehr als das Original. Die Golden Hinde wird vielen vielleicht noch als Handelsschiff in der Verfilmung des Romans *Shogun* in Erinnerung sein. Der Segler ist 37 m lang, der Hauptmast streckt sich bis in eine Höhe von 27 m und die Segelfläche umfaßt 386 m^2. Unter voller Takelage beträgt die Geschwindigkeit acht Knoten oder 14 km/h.

In einem alten Speicherhaus ist neben der Golden Hinde der Pub Thamesside Inn untergebracht.

Um die Ecke vom Overrie-Dock und der Golden Hinde ragt Southwark Cathedral in den oft wolkigen Londoner Himmel und wird im Volksmund als das »Londoner Geschichtsbuch in Stein« apostrophiert. Anfang des 12. Jahrhunderts ließen Augustinermönche die Kathedrale erbauen, die 300 Jahre später einem Feuer zum Opfer fiel. Unter Verwendung der alten Steinblöcke wurde das Gotteshaus im gotischen Stil neu erbaut. Im Innern finden wir eine ganze Reihe von interessanten Grabdenkmälern; so hat im nördlichen Seitenschiff der Dichter John Gower seine letzte Ruhestätte gefunden. Gower war ein Zeitgenosse und Freund von Geoffrey Chaucer sowie Hofpoet von Richard II. und Heinrich IV. Der Kopf der Grabfigur ruht auf drei Büchern, die seine Werke symbolisieren.

Im südlichen Seitenschiff erinnert das 1911 eingeweihte Shakespeare-Monument an die Wirkungsstätte des großen Barden. Das Relief zeigt die Alabasterfigur des Literaten, die langausgestreckt auf der Seite liegt, sowie die Londoner Skyline zu Shakespeares Zeiten; deutlich erkennt man die mit Häusern überbaute London Bridge sowie den kreisrunden Turm des Globe Theatre. Shakespeares Bruder Edmund fand in Southwark Cathedral seine letzte Ruhestätte, doch wissen wir heute nicht mehr, an welcher Stelle.

Vom nördlichen Seitenschiff aus hat man Zugang zur Harvard Chapel. 1607 wurde John Harvard in der Kathedrale getauft, wanderte später nach Amerika aus und gründete die berühmte Harvard University. Die Kapelle wurde mit amerikanischen Spendengeldern zu Beginn des 20. Jahrhunderts errichtet. Außerdem ehrt in Southwark Cathedral ein Denkmal die Opfer der verheerenden Schiffskatastrophe vom 20. August 1989. An dem Tag war der Vergnügungsdampfer »Marchioness« bei ablaufender Tide auf der Themse unterwegs und wurde von dem weitaus größeren Frachter »Bowbelle« nahe der Kathedrale gerammt. 51 Menschen ertranken, viele von ihnen waren im Innern des Schiffes eingeschlossen.

Neben dem Kirchhof von Southwark Cathedral befindet sich das exzellente Fisch-Restaurant Fish!, das mit leckeren Gerichten lockt.

Vom Kirchhof führen Stufen hinauf zur belebten Borough High Street, auf der der Verkehr in Richtung London Bridge läuft. Schon die Römer hatten an dieser Stelle eine hölzerne Überspannung über die Themse geschlagen, auch alle nachfolgenden Brücken waren bis 1176 aus Holz. Unter der Bauleitung des Geistlichen Peter de Colechurch wurde eine erste Steinbrücke fertiggestellt. Die Bauarbeiten dauerten 30 Jahre. 1201 berichtet eine Chronik, daß die Brücke mit Häusern überbaut war, die teilweise bis zu sieben Stockwerke hatten. An der Südseite war sie mit einem Torhaus und einer Zugbrücke gesichert. Hier wurden die Köpfe jener Hingerichteten ausgestellt, die sich gegen die Krone erhoben hatten, so auch das Haupt von Thomas Morus; seine Tochter schickte des Nachts Häscher los, die den Kopf des Vaters bergen sollten.

Wenn die Flut vom Meer in die Trichtermündung der Themse drückte oder umgekehrt die Ebbe das Wasser des Flusses in die See zog, bildeten sich gefährliche Strömungen an den engen Brückenbögen der London Bridge, und mehr als ein Kahn zerschellte an den Fundamenten. Die Themseschiffer mußten bei der Durchfahrt sorgfältig manövrieren. Sie gaben den einzelnen Brückenbögen Namen: Long Entry, Chapel Lock, Rock Log oder Draw Lock. Ein Geschäft auf der überbauten Brücke hatte schon früh die Zeichen der Zeit erkannt und verkaufte Schwimmwesten aus Kork. Kapitän Horatio Hornblower, der Held aus C. S. Foresters gleichnamigen Romanen, durchfährt auf einem Themseboot mit Frau und Kind solch einen Brückenbogen: »Boote, Schuten und Leichter bedeckten die ganze Breite des Stromes, vor ihnen lag London Bridge. ›Pull aus!‹, stieß der Bugmann hervor, da rissen die beiden wie wild an ihren Riemen und steuerten das Boot durch eine Lücke in dem Gedränge oberhalb der Brücke. Die Tide rauschte gurgelnd zwischen den dichtstehenden Pfeilern hindurch, offenbar hatte die Einschnürung durch die Pfeiler den Strom oberhalb der Brücke aufgestaut. Schon schossen sie blitzschnell durch einen der engen Jochbögen. ›Um Gottes Willen!‹ schrie Maria erschrocken. Nun waren sie im größten Hafen der Welt.«

Die Themse unterhalb der London Bridge wurde früher Pool of London genannt. Hier legten all die Handelsschiffe an.

Wegen der beschriebenen Gefährdung wurden zwischen 1758 und 1762 die Gebäude auf der London Bridge abgerissen und die beiden mittleren Bogen durch einen großen ersetzt, den sogenannten Great Arch. Mit dem weiteren Ausbau des Londoner Hafens mußte auch eine neue Brücke her. Der Baumeister Sir John Rennie setzte die Pläne seines verstorbenen Vaters in die Tat um. 1831 wurde die Brücke für den Verkehr freigegeben. Von 1967 bis 1972 entstand die heutige Betonkonstruktion, und die alte London Bridge wurde abgetragen und für 2,4 Mio. US-$ an den amerikanischen Millionär Robert McCulloch verkauft. Heute überspannt sie ein ausgetrocknetes Flußbett in Lake Havasu City (Arizona). Es heißt, der Amerikaner habe die Tower Bridge im Sinn hatte, als er sein Kaufgebot abgab.

Da die London Bridge über lange Zeit die einzige Fluß-Überspannung im Stadtgebiet war, gab es schon immer eine große Anzahl an Fähren und »Flußtaxis«. Wer sich der Themse näherte, der hörte die lauten Rufe der Fährmänner, die mit dem Schrei »Ruder, Ruder« auf sich aufmerksam machten. In seinem *Survey of London* schätzte der Historiker John Stow 1598 die Zahl der lizenzierten Fähr- und Bootsmänner auf rund 40 000.

Als 1565 die ersten pferdegezogenen Kutschen auf Londons Straßen auftauchten, beschwerten sich die Fährmänner, daß diese Gefährte ihnen die Kunden abspenstig machten, und begründeten ihre Ablehnung damit, daß die Kutschen die ohnehin engen Straßen verstopften. 1633 erwirkten sie eine behördliche Verordnung, die es den Kutschern verbot, vor einem Theater auf Kunden zu warten. 1850 waren immer noch 1600 Männer auf dem Fluß tätig.

In sehr kalten Wintern war die Themse immer wieder zugefroren. Dann hielten die Londoner auf dem Eis die sogenannten Frost Fairs ab: Zelte wurden aufgeschlagen, in denen die Händler ihre Waren verkauften, die Adligen fuhren mit ihren Kutschen über das Eis und beobachteten das einfache Volk bei seinen Vergnügungen. Hunde- und Pferderennen wurden veranstaltet und ebenso Bärenhatzen, bei denen man Hunde auf einen Bären losließ. Puppenspiele fanden statt, und sogar ein Ballett trat auf der »Freezeland Street« auf. Rinder und Schweine wurden am Spieß geröstet. Die einzigen, die sich nicht über das frostige Treiben freuen konnten, waren die Fährleute. Also versuchten sie, Löcher in das Eis zu hacken. Als das nichts nützte, montierten sie Räder unter ihre Boote und ließen diese von Pferden ziehen.

Der erste in den Chroniken aufgeführte Frost-Jahrmarkt fand im Winter 1564/65 statt, der zweite ein gutes Jahrhundert später 1683/84, dann folgten die Jahre 1715/16, 1739/40 und 1789/90. Der letzte Jahrmarkt auf der Themse fand

1813/14 statt und endete tragisch. Ein plötzlicher Wetterumschwung brachte milde Temperaturen, das Eis schmolz rapide, etliche Besucher ertranken, Zelte und Waren sanken in die Tiefe. 1962/63 war die Themse ein letztes Mal im Londoner Stadtgebiet zugefroren.

Von der London Bridge führt die Touley Street am Bahnhof London Bridge Station vorbei und zum London Dungeon, in dem detailgetreu die mittelalterlichen Folterungen dargestellt sind. Daneben gibt es das Winston Churchill's Britain at War Experience, das den Kriegsalltag der Londoner während des Zweiten Weltkriegs zeigt.

Gegenüber befindet sich der Eingang zu Hay's Wharf, einem ehemaligen Magazinhaus des Londoner Hafens, das umgebaut und mit kleinen Restaurants und Geschäften versehen wurde. In der Mitte des Innenhofes ragt ein Brunnen in Form eines Schiffes auf, das daran erinnert, daß früher ein kompletter Segler hier hineinlaufen und entladen werden konnte. Durch Hay's Wharf erreichen wir wieder den Uferpfad der Themse. Hier liegt die HMS Belfast vor Anker, eine der spektakulärsten Sehenswürdigkeiten an oder auf der Themse. 1938 wurde dieser letzte 11500 BRT große Kreuzer der Royal Navy in Dienst gestellt und lief bei seiner Jungfernfahrt auf eine Mine, die das Schiff schwer beschädigte. Erst 1942 war die Belfast wieder einsatzfähig, sicherte Geleitzüge durch den Nordatlantik, war an der Versenkung der »Scharnhorst« und an der Invasion in der Normandie beteiligt. 1971 wurde der Kreuzer an seinen heutigen Standort geschleppt und der Öffentlichkeit zugänglich gemacht. Die Erkundung der sieben Decks mit ihren Einrichtungen und den mächtigen Geschütztürmen ist ein spannendes Unterfangen.

Dann liegt die Tower Bridge vor uns, eines der berühmten Wahrzeichen Londons. Der Besuchereingang zur Brükke befindet sich auf der anderen Flußseite. Mit dem Lift geht es hoch in den nördlichen Turm, in dem man Interessantes über die Baugeschichte erfährt. 1884 wurden die beiden Architekten John Wolfe-Barry und Sir Horace Jones damit beauftragt, eine Zugbrücke über die Themse zu erbauen, um auch großen Schiffen den Weg ins Stadtzentrum zu ermöglichen. Die Spannweite sollte mindestens 60 m betragen, und in geöffnetem Zustand – so die Vorgabe – mußte die zu durchfahrende Öffnung 40 m breit sein. Die Brückentürme sollten im neogotischen Stil gehalten sein. Dafür entwickelten die beiden Baumeister ein Stahlgerüst, das mit Stein verkleidet wurde. Darin wurden Fahrstühle untergebracht, mit denen die Fußgänger zu den beiden hochgelegenen Brückenstegen fahren konnten. Von diesen beiden Fußgängerbrücken aus hat man eine wahrhaft phantastische Aussicht auf die Themse und über die Stadt. 1894 wurde die Brücke von Prinz Albert von Sachsen Coburg, dem Ehemann von Königin Victoria, eingeweiht. Als 1976 die hydraulischen Anlagen elektrifiziert wurden, restaurierte man auch die beiden gigantischen ausgemusterten Dampfmaschinen, die heute im südlichen Fundament besichtigt werden können. Die beiden Zugbrücken können innerhalb von 90 Sekunden geöffnet werden.

Nach der Fertigstellung der Tower Bridge öffneten sich die beiden Fahrbahnteile täglich rund 50 mal, um einlaufenden Schiffen die Fahrt in den Pool von London zu ermöglichen. Mehr als 80 Männer sorgten Tag und Nacht dafür, daß die hydraulischen Anlagen gewartet wurden und die beiden gigantischen Dampfmaschinen ständig unter Druck standen. Heute öffnet sich die Tower Bridge noch immer rund 900 mal im Jahr.

Francis MacLean schrieb 1912 Luftfahrtgeschichte, als er mit einem Wasserflugzeug durch die Tower Bridge hindurchflog, dann weiter unter der London Bridge, der Cannon Street-Eisenbahnbrücke, danach über Southwark Bridge und die beiden Blackfriars-Brücken, schließlich wieder unter der Waterloo, Charing Cross Railway Bridge und der Westminster-Brücke hindurch, und landete schließlich an den Houses of Parliament.

1934 schüttete man 1500 Tonnen Sand unmittelbar unterhalb der Tower Bridge auf und schuf einen künstlichen Strand. Die Londoner zogen mit Kind und Kegel an das Gestade und fühlten sich dabei wie in einem Seebad an der Küste. Denn Ebbe und Flut bestimmen seit jeher die Themse im Londoner Stadtgebiet, da die Tide weit in den Fluß hineindrückt. In den 50er Jahren mußte der künstliche Strand geschlossen werden, da die Wasserverschmutzung des Stromes derart katastrophale Ausmaße angenommen hatte, daß Baden zu gesundheitlichen Schäden führen konnte.

Unmittelbar neben der Tower Bridge befindet sich am nördlichen Ufer der Tower of London, seit 1066 die Zwingburg der Hauptstadt. Es war Wilhelm der Eroberer, der in jenem Jahr England unter seine Herrschaft gebracht hatte und sofort den Befehl zum Bau eines sicheren Holzforts gab. Als dieses fertiggestellt war, begannen die Arbeiten am steinernen White Tower, die Wilhelms Sohn Rufus beendete. Die Steine dafür wurden aus Caen in der Normandie per Segler nach London gebracht. Gegen Ende des 12. Jahrhunderts begann Richard Löwenherz mit der Erweiterung der Festungsanlage, und die Monarchen Heinrich III. und Eduard I. gaben der Trutzburg mit weiteren Anbauten im wesentlichen ihr heutiges Aussehen. Bis 1810 war im Tower auch das Münzamt untergebracht, 1835 kamen die letzten Tiere der festungseigenen Menagerie in den Londoner Zoo. Bis in diese Tage residierten Englands Könige hinter den dicken Mauern, schmiedeten

Die angeleuchtete Tower Bridge bei Nacht

Mordkomplotte, ließen hier ihre Gegner schmachten und hinrichten.

Während des Hundertjährigen Kriegs mit Frankreich (1339-1453) saßen Tausende von französischen Gefangenen im Tower ein. Prominentester Insasse war Charles d'Orleans, der Neffe des französischen Königs Karl VI., der 25 Jahre mit seinem kompletten Hofstaat im Tower lebte. Richard II. (1367-1400) ließ im Tower seine adligen Gegenspieler hinrichten. Eduard IV. ermordete 1471 während der Zeit der Rosenkriege (1455-1485) Heinrich VI. hinter den dicken Mauern. Nach seinem Tod übernahm sein zwölfjähriger Sohn als Eduard V. die Krone. Richard, Herzog von Gloucester, der als Onkel das Amt des Protektors für den jungen Monarchen innehatte, setzte diesen alsbald zusammen mit seinem jüngeren Bruder im Tower fest und ließ die beiden Knaben ermorden. Danach rief er sich als Richard III. zum Herrscher aus. Mehr als 200 Jahre später fand man bei Bauarbeiten im White Tower eine Holzkiste mit den Skeletten von zwei männlichen Jugendlichen, die als die beiden von Richard Ermordeten identifiziert wurden. Karl II. ließ die Gebeine in der Westminster Abbey zur letzten Ruhe betten.

Der nächste »Hausherr« des Towers, war Heinrich VIII. Als er sich gegen den Willen des Papstes von seiner ersten Frau Katharina von Aragon scheiden ließ und sich durch die Gründung der anglikanischen Kirche von Rom lossagte, verweigerte ihm sein Lordkanzler, Thomas Morus, den Treueeid. Heinrich ließ den standhaften Mann köpfen. Anne Boleyn und Catherine Howard, die zweite und die fünfte Frau des Wüstlings, fanden ebenfalls im Tower den Henkerstod wegen angeblichen Hochverrats. Mary, die Tochter von Heinrich, die bis heute als Bloody Mary bekannt ist, ließ ihre jüngere Halbschwester Elizabeth, die spätere Königin, im Tower einkerkern. Mary war es auch, die Lady Jane Grey, für wenige Tage Gegenregentin von Maria, zusammen mit ihrem Mann Lord Guildford Dudley hinrichten ließ.

Sir Walter Raleigh, den Elizabeth auf Weltreise schickte und der aus Südamerika die Kartoffel und den Tabak brachte, lebte 13 Jahre mit seiner Familie im Tower. Hier schrieb er seine *History of the World*. 1617 schickte ihn Jakob I. nach Guayana, doch die Mission führte zu beträchtlichen diplomatischen Verwicklungen mit Spanien, so daß Jakob das Todesurteil an Raleigh vollstrecken ließ.

Fast alle Gefangenen brachte man per Boot durch das mit einem Fallgitter bewehrte Traitor's Gate (Verrätertor) in den Tower, der über zwei Hinrichtungsstätten verfügte. Tower Garden lag im Innern der Umwallung; hier wurden Mitglieder der königlichen Familie hingerichtet. Tower Hill, außerhalb der Mauern der Zwingburg, da, wo sich heute die gleichnamige U-Bahn-Station befindet, war die Richtstätte für die Adligen. Samuel Pepys schaute sich am 14. Juni 1662 hier eine Exekution an und notierte in seinem Tagebuch: »Gegen elf Uhr fuhren wir zum Tower und beobachteten die Hinrichtung von Sir Henry Vane. Sehr viele Menschen. Er hielt eine lange Rede, die mehrmals vom Sheriff unterbrochen wurde; man wollte ihm sein Manuskript aus der Hand nehmen, aber er ließ es nicht zu. Trompeter wurden unter dem Zuschauergerüst aufgestellt, damit man ihn nicht verstehen konnte. Schließlich betete er, legte seinen Kopf in die Schlinge und empfing so den Tod.«

Der letzte Gefangene, der im Tower einsaß, war 1941 Rudolf Hess.

Um das Jahr 1800 zählte der Tower rund 25000 Besucher pro Jahr, hundert Jahre später waren es schon eine halbe

Million, und heutzutage sind es mehr als 2,5 Mio. Besucher aus aller Welt.

In der weitläufigen Festungsanlage ist das Jewel House, in dessen schwer bewachten Räumen die Kronjuwelen hinter Panzerglas ausgestellt sind, ein besonderer Besuchermagnet. All die Kostbarkeiten stammen allerdings aus der Zeit nach 1660, da der puritanische Lord Protector Oliver Cromwell während des Bürgerkriegs die Edelsteine verkaufen und goldene Schmuckstücke einschmelzen ließ. 1937 schuf die königliche Goldschmiedewerkstatt die Queen Elizabeth Crown mit dem legendären indischen Koh-i-Noor-Diamanten. Neben vielen anderen Königskronen und Diademen, diamantengeschmückten Halsketten, Ohrringen und Armreifen finden sich hier auch die Reichsinsignien aus unterschiedlichen Epochen.

➜ Tourist Information: Arrivals Hall, Waterloo Station, Tel. 09068-663344; 1 Regent Street, Piccadilly Circus, Tel. 020-78083801
Tate Modern, tgl. Mo.-Do., So. 10-18, Fr./Sa. 10-22 Uhr
Vinopolis – City of Vine, Mo. 11-21, Di.-Fr., So. 10-18, Sa. 11-20 Uhr
Clink Prison Museum, tgl. 10-18 Uhr
Golden Hinde, tgl. 10-18 Uhr
London Dungeon, tgl. 10-17 Uhr
Winston Churchill's Britain at War Experience, tgl. 10-16.30 Uhr
HMS Belfast, tgl. März-Okt. 10-18, Nov.-Febr. 10-17 Uhr
Tower Bridge, tgl. 10-18 Uhr
Tower of London, tgl. 10-16 Uhr

19 Tower Bridge bis Thames Barrier

Auf dem Themse-Pfad 22 km / 19,5 km (Norduferroute / Süduferroute) – St. Katherine's Dock – Virginia Woolf in den Docklands – Butler's Wharf – Der Angel Pub – Thames Tunnel, der erste Unterwasser-Tunnel der Welt – Brunel Engine House – Der Tod des Christopher Marlowe – Die Pubs Town of Ramsgate und Prospect of Whitby – Execution Dock – Die Isle of Dogs – Greenwich

An der Tower Bridge muß sich der Wanderer nun entscheiden, ob er die letzte Etappe am Nord- oder am Südufer des Stromes fortsetzt. Die Süduferroute ist ein wenig kürzer, die Norduferroute hingegen abwechslungsreicher.

Süduferroute

Am südlichen Themse-Ufer, erreichbar über die Tower Bridge, befinden sich die Magazinspeicher von Butler's Wharf (Wharf bedeutet so viel wie Kai, Anlegestelle), die allesamt restauriert wurden und heute teure Eigentumswohnungen und Büros beherbergen. Die Straße Shad Thames läuft schnurgerade durch. Gleich rechts lädt ein kleiner Platz mit einem Brunnen zum Verweilen ein, die Tower Bridge Piazza. Der Künstler Anthony Donaldson hat den Brunnen gestaltet: Auf dem Rand liegen eine Spiegelreflexkamera, ein Walkman, ein Stapel Bücher, Ballettschuhe sowie ein Notizbuch – täuschend echte Nachahmungen!
Von der Shad Thames gelangt man durch ein Tor direkt ans Themse-Ufer zu dem exzellenten französischen Restaurant La Pont de la Tour und das diesem in Preis und Leistung nicht nachstehende Lokal La Cantina. Wesentlich günstiger ist das italienische Restaurant Ask sowie das gemüt-

liche Weinlokal All Bar One. Von den Terrassen dieser Restaurants hat man im Sommer beste Ausblicke auf London. Hier am Ufer steht eine gewaltige Skulptur des italienischstämmigen Künstlers Eduardo Paolozzi (1924-2005); sie zeigt einen auf der Seite liegenden Kopf samt Innenleben. Einen Steinwurf weiter lohnt das Design Museum einen Besuch. Eine Dauerausstellung zeigt Alltagsgegenstände aus fünf Jahrzehnten.

Folgt man von Butler's Wharf dem Themse-Pfad auf der Südroute, so erreicht man den Cherry Garden Pier, der durch seine Namensgebung daran erinnert, daß sich hier einmal ein Vergnügungspark samt einem Obstgarten befunden hat. Samuel Pepys notiert am 13. Juni 1664: »Und so machte ich mich auf in den Cherry Garden und brachte von dort einige Kirschen mit nach Hause.« Wenn einlaufende Schiffe früher diese Anlegestelle erreicht hatten, dann machten sie mit ihren Nebelhörnern auf sich aufmerksam, damit an der Tower Bridge die Brückenteile hochgeklappt werden konnten.

Ein paar Schritte weiter kommen wir zum Angel Pub. Bereits im 15. Jahrhundert gab es an dieser Stelle einen Pub, der von den Mönchen der nahe gelegenen Bermondsey-Abtei erbaut wurde. Christopher Jones, der Kapitän der Mayflower, soll hier seine Crew zusammengesucht und James Cook sich auf eine seiner Reisen vorbereitet haben. Teile der Kneipe standen zum Schutz vor dem Wasser der Themse auf Holzpfählen, und im Boden befanden sich Luken, durch die Schmuggler Waren in die Kneipe bringen konnten. Auch Samuel Pepys war hier häufiger Gast.

In späteren Zeiten befand sich hier in Bermondsey einer der schlimmsten Slums von London, ein Rückzugsort für Diebe, Mörder, Schmuggler und lichtscheues Gesindel aller Art.

Auf dem Kirchhof von St. Mary's, ein Stückchen weiter, wurde Christopher Jones 1622 in einem anonymen Grab beigesetzt. Eine Tafel in der Kirche erinnert an seine Fahrt in die neue Welt. Die Mayflower mit den Pilgervätern legte vom nahe gelegenen Mayflower Pub 1620 zu ihrer Atlantiküberquerung ab. Die Kneipe wurde um 1550 erbaut und trug zuerst den Namen Shippe. Im 18. Jahrhundert wurde der Pub umgebaut und erhielt einige Zeit später seinen heutigen Namen. Teile der Inneneinrichtung sollen aus dem Holz der Mayflower hergestellt worden sein. Das Lokal hat nicht nur eine Lizenz für den Alkoholausschank, sondern darf auch britische und amerikanische Postwertzeichen verkaufen.

Das Brunel Engine House nahebei erzählt die Geschichte des weltweit ersten Unterwassertunnels, der bei Rotherhithe unter der Themse durchgebohrt wurde, und zwar von Marc Isambard und Isambard Kingdom Brunel. Vater und Sohn arbeiteten nacheinander fast 20 Jahre an dem ehrgeizigen Projekt. 1825 begannen die Arbeiten hier an der Südseite der Themse. Marc Brunel hatte dazu eine Tunnelbohrmaschine erfunden, die er The Great Shield nannte. Die Arbeiten verliefen quälend langsam, da der Untergrund aus hartem Gestein bestand. 450 Männer schafften Gestein heraus und pumpten Wasser ab. 1827 gab es bei einlaufender Flut einen gewaltigen Wassereinbruch, der 120 Arbeiter zurück ans Ufer spülte. Wie durch ein Wunder kam niemand ums Leben. Am Sonntag, dem 25. März 1843, 18 Jahre nach Baubeginn, strömten Zehntausende von Londonern nach Zahlung einer Mautgebühr in die Röhren, um das 360 m lange Wunderwerk zu besichtigen. Im ersten Jahr durchquerten rund 2 Mio. Menschen den Tunnel. Obwohl die Röhren groß genug waren, um Kutschen die Durchfahrt zu ermöglichen, wurde aus Geldmangel nie ein Zugang gelegt. Der Tunnel diente nur den Fußgängern, und die Maut konnte die horrenden Baukosten nie decken. 1862 verkaufte die Betreibergesellschaft die Röhren an die East London Railway, seit 1869 fuhren dann Züge hindurch, und heute dient der Tunnel der Londoner U-Bahn.

Ein Stückchen hinter dem Brunel Engine House macht der Fluß eine scharfe Biegung nach Süden. Zunächst kommen wir zum Greenland Dock; ein Stückchen weiter am Deptford Strand befand sich einmal das Royal Dock, das 1513 auf die Initiative von Heinrich VIII. erbaut wurde und in dem der König Teile seiner Flotte konzentrierte. So wurde dieser Hafenteil im Volksmund auch King's Yard genannt. Kapitän Cooks Schiffe, die Discovery und die Resolution, wurden hier vor ihrer letzten Reise in den Pazifik ausgerüstet. Auch Sir Francis Drake brach vom Royal Dock mit der Golden Hinde zu seiner vierjährigen Weltumseglung (1577-1580) auf. 1698 studierte Zar Peter der Große in Deptforder King's Yard für drei Monate den englischen Schiffsbau. Die nahe gelegene Czar Street erinnert an ihn.

Kurz vor Greenwich ist am Deptford Green die St. Nicholas Church erreicht, in der uns eine Tafel mitteilt, daß im Ort am 20. Mai 1593 der Dramatiker Christopher Marlowe bei einer Wirtshausschlägerei getötet wurde. Begraben ist er auf dem Kirchhof des im 14. Jahrhundert erbauten Gotteshauses. Um seinen Tod ranken sich seit jeher Spekulationen. Gerüchten zufolge soll Marlowe sein gewaltsames Ableben nur vorgetäuscht haben, um einer behördlichen Untersuchung zu entgehen. Angeblich hat er danach England verlassen und seine Stücke von einem Strohmann namens William Shakespeare veröffentlichen lassen. Einer anderen Variante zufolge gehörte Marlowe zwischen

1587 und 1592 dem englischen Geheimdienst an und kam in dieser Funktion ums Leben. Und das soll so zugegangen sein: Um den bekannten Entdecker, Seefahrer und Abenteurer Sir Walter Raleigh hatte sich ein Kreis von Verschwörern gebildet. Der italienische Renaissance-Philosoph Giordano Bruno berichtet über seine Teilnahme an dem liberalen, in jenen Tagen als blasphemisch eingestuften Geheimbund. Die Verbreitung von atheistischen Ideen war ein schweres Verbrechen und wurde mit dem Tod bestraft. Die Gruppe war in Verdacht geraten, und der elisabethanische Geheimdienst nahm sich der Sache an. Christopher Marlowe wurde als Agent eingeschleust. Die Freidenker um Raleigh diskutierten aber nicht nur aufklärerische Ideen, sondern planten auch, den 1590 ins Amt gekommenen obersten Minister William Cecil zu beseitigen, der dem Zirkel gefährlich werden konnte. Christopher Marlowe soll die Aktivitäten der Gruppe verraten haben. Die Verschwörer um Raleigh sollen davon Wind bekommen haben, und bevor Marlowe noch mehr ausplaudern konnte, wurde er in einer als Schlägerei getarnten Aktion ermordet.

Nicht mehr weit ist es nun bis Greenwich, wir müssen allerdings noch den Deptford Creek überqueren. In diesem Seitenarm der Themse legte Francis Drake nach seiner Weltumsegelung mit der Golden Hinde an. Hier war es auch, wo die Königin bei einem Besuch des Schiffes den mutigen Seemann adelte, nicht nur wegen seiner maritimen Tat, sondern wohl vor allem, weil er Gold für die royale Schatulle brachte.

Nach wenigen Schritten stehen wir am Greenwich Pier vor der Cutty Sark.

Moderne Wohnanlagen im St. Katherine's Dock

Norduferroute

Auf derselben Flußseite wie der Tower liegen die Kaianlagen vom St. Katherine's Dock, von der Londoner Zwingburg nur durch die Auffahrtsstraße zur Tower Bridge getrennt. Über die Docks von London notierte Theodor Fontane im Sommer 1852: »Unter ›Docks‹ versteht man im allgemeinen die Häfen eines Hafens; kleine abgezweigte Buchten, oder auch gemauerte Bassins, in denen man die zurückkehrenden Schiffe gleichsam beiseite nimmt, um sie zunächst auszuladen und – wenn's nottut – auszubessern. Die London-Docks charakterisiert man am besten, wenn man sie Fluß-Häfen nennt. Sie verhalten sich zur Themse, mit der sie in unmittelbarer Verbindung stehen, wie große Privatgehöfte zu einer daran vorüberführenden allgemeinen Heerstraße.«

St. Katherine's war der erste Hafenteil der Docklands, der Ende der 70er, Anfang der 80er Jahre des 20. Jahrhunderts saniert wurde. In der Folge wurden sämtliche alten Hafenanlagen restauriert oder neu bebaut. Geschäfte und Restaurants sind in die einstigen Magazinspeicher eingezogen, und an den Kais liegen moderne Yachten neben historischen Schiffen vor Anker. Von dem alten Fachwerkpub Dickens Inn hat der Besucher einen guten Blick auf die Dockanlagen. Im ersten Stock befinden sich ein Restaurant sowie einige Gästezimmer. Dickens hat den Pub noch nicht gekannt, denn es gibt ihn erst seit der Neueröffnung des Docks. Früher befand sich in dem Gebäude eine Brauerei. Das Thistle Tower Hotel liegt direkt gegenüber, hier hat man von allen Zimmern einen guten Ausblick auf die Themse, die Dockanlagen und die Tower Bridge.

Der Abschnitt zwischen London Bridge und Tower Bridge sowie das Areal stromabwärts jenseits der Tower Bridge wurde in früheren Zeiten der Pool von London genannt.

Hier legten alle Handelsschiffe an. Um 1700 segelten jährlich 1200 Schiffe in den Pool, 1794 schipperten schon 3663 Segler die Flußmündung der Themse hoch und legten an den Ufern unterhalb der London Bridge an. Im beginnenden 19. Jahrhundert herrschte auf dem Fluß ein einziger gigantischer Schiffsstau. Kapitäne konnten nicht pünktlich mit der Ebbe auslaufen, da sie festsaßen, und mit der Flut ankommende Schiffe fanden keinen Liegeplatz. An den Ufern stapelten sich die ankommenden Waren und konnten nur mit Mühe abtransportiert werden, Händler gingen in drangvoller Enge ihren Geschäften nach. Das unübersichtliche Gewirr machten sich Diebe zunutze. Die Verluste durch Diebstähle und Verzögerungen waren hoch: pro Jahr zwischen £ 250 000 und 800 000. 1796 setzte das Unterhaus eine Kommission zur Lösung der Probleme ein. Es wurden Dockanlagen parallel zur Themse und unterhalb der Tower Bridge geschaffen. St. Katherine's Dock, benannt nach dem seit über 700 Jahren hier ansässigen Krankenhaus, wurde 1828 eröffnet. Das ehemalige Hospital sowie die Häuser von rund 12 000 Bewohnern wurden abgerissen, um Platz für die neuen Hafenanlagen zu schaffen. Die Einwohner, meist arme Einwanderer, bekamen keine Entschädigung. Parallel zum Bau der neuen Kais und Docks 1798 wurde auf Initiative des Schotten Patrick Colquhoun die erste Flußpolizei Großbritanniens ins Leben gerufen.

Virginia Woolf schrieb 1932: »Jetzt sehen wir von den Docks aus ins Innere des Schiffes, das von seiner Reiseroute weggelockt und am Land festgebunden wurde. Die Passagiere mit ihrem Gepäck sind verschwunden, und auch die Matrosen sind gegangen. Unermüdliche Kräne sind nun am Werk, sie tauchen hinunter und schwingen in die Runde, schwingen und tauchen. Fässer, Säcke und Kisten werden aus ihrem Gewahrsam herausgehoben und ans Ufer geschwenkt. Rhythmisch rasch und mit einer Ordnung, in der ein gewisses ästhetisches Vergnügen steckt, wird Tonne neben Tonne, Kiste neben Kiste, Faß neben Faß plaziert, eins hinter dem anderen, in endlosen Reihen in den Seitenschiffen, den Bogengängen und niedrigen Stockwerken der ganz und gar schmucklosen Lagerhäuser. Holz, Eisen, Getreide, Wein, Zucker, Papier, Talg, Früchte – was auch immer das Schiff von den Feldern, den Wäldern, den Weiden der ganzen Welt eingesammelt hat, wird hier aus einem Versteck geholt und an den richtigen Platz gebracht. Tausende von Schiffen mit tausenderlei Waren werden allwöchentlich hier entladen.«

Folgt man von St. Katherine's Dock am Nordufer dem Themse-Pfad, so erreicht man den Pub Town of Ramsgate. Glaubt man der Überlieferung, so hieß er in früheren Tagen Red Cow, was sich auf eine rothaarige Barfrau bezogen haben soll. Der heutige Name leitet sich von den Fischern der Stadt Ramsgate in Kent ab, die an den Stufen, die zum Wasser hinunterführten, ihren Fang anboten. Der Pub samt Umgebung war berüchtigt dafür, daß hier Matrosen »geshanghait«, das heißt zum Dienst auf Schiffen gezwungen wurden. Es kam nicht selten vor, daß ein Seemann nach durchzechter Nacht morgens nicht nur mit einem Kater aufwachte, sondern sich auf einem fremden Schiff auf hoher See befand. In den Kellerverliesen des Pubs warteten Sträflinge in Ketten darauf, nach Australien verschifft zu werden.

Nicht weit ist es nun bis zum Execution Dock, an dem, wie der Name schon sagt, Hinrichtungen vorgenommen wurden. Der Londoner Historiker John Stow (1525-1605) notierte: Execution Dock »ist der übliche Platz, an dem während Niedrigwassers Piraten und Seeräuber aufgehängt werden und so lange dort verbleiben, bis die Flut sie dreimal überspült hat«. 1701 endete hier auch der berüchtigte Seeräuber Captain Kidd am Galgen.

Der Prospect of Whitby einige Schritte weiter ist einer der ältesten Pubs an der Themse. Erbaut 1520, trug er wegen der hier verkehrenden Schmuggler und zwielichtigen Gesellen den Namen Devil's Tavern. 1777 erhielt der Pub seinen heutigen Namen, nachdem vor seiner Uferfront ein Schiff namens Prospect angelegt hatte, das im nordenglischen Whitby registriert war. Samuel Pepys war auch hier ein regelmäßiger Besucher, und bis heute ist der Pub Treffpunkt für die Mitglieder der Society of Pepys. Auch die Maler William Turner und James Abbot McNeill Whistler sowie Charles Dickens schätzten die Örtlichkeit.

Wir spazieren nun durch das Viertel Limehouse, wo die Appartement-Häuser immer schicker und die Bürobauten immer futuristischer werden. Als der amerikanische Schriftsteller Nathaniel Hawthorne die Gegend vor hundert Jahren besuchte, sah es hier noch anders aus: »Das Ufer [von Limehouse] ist gesäumt von den schäbigsten, schwärzesten und häßlichsten Gebäuden, die man sich nur vorstellen kann, heruntergekommenen Warenspeichern mit blinden Scheiben und Kaianlagen, die völlig ruiniert aussehen.« 400 Jahre zuvor war Limehouse ein beliebter Ort für die Seeleute, viele elisabethanische Kapitäne hatten hier ihre Häuser. Um 1610 lebten rund 2000 Einwohner an diesem damals östlichsten Teil des Pool of London, und die meisten von ihnen verdienten ihren Lebensunterhalt auf dem Meer. Hundert Jahre später war die Population schon auf 7000 angewachsen. Im 18. und 19. Jahrhundert entstanden in Limehouse viele Schiffswerften. Mit dem Niedergang der Hafenaktivitäten im vergangenen Jahrhundert traf es die Industrie von Limehouse zuerst, und viele traditionsreiche Firmen – so etwa die Schiffsbauer Forrest's, die zwischen 1852 und 1890 fast alle landesweit eingesetzten Seenotrettungskreuzer gebaut hatten – gingen Pleite. Um 1856 richtete man Herbergen für ausländische Seeleute ein, u. a. das Strangers' Home for Asiatics, in dem viele Chinesen untergebracht waren. Limehouse entwickelte sich schnell zu einer Opiumhöhle.

Hinter Limehouse knickt die Themse nach Süden ab und umfließt in einem großen Bogen die Halbinsel Isle of Dogs, die ihren Namen von den Zwingern der königlichen Jagdhunde bekommen hat. Hier befinden sich weitere große Dockanlagen, so etwa das West India Dock, Heron's Quay, South Dock und Millbank Dock.

Seit den 80er Jahren des 20. Jahrhunderts wurden die Docklands umfassend umgebaut. Hochhäuser sind in den Himmel gewachsen, dort, wo die alten Speichermagazine abgerissen wurden, findet man eine postmoderne Architektur. Und alles wird überragt vom 250 m hohen Canary Wharf Tower, einem der höchsten Gebäude Europas. Prinz Charles erklärte zur Umgestaltung der Docklands 1988: »Die Docklands der achtziger Jahre stellen den Sieg des kaufmännischen Opportunismus über die bürgerlichen Werte dar. Zu viele mittelmäßige Bauten und ein Zug, der eine Miniaturstadt anfährt, leisten einen recht schwachen Beitrag zum Wiederaufbau unserer Hauptstadt.« Mit dem Zug meinte er die Docklands Light Railway (DLR), eine computergesteuerte, führerlose Eisenbahn, die vom östlichen Londoner Stadtgebiet oberirdisch durch die Docklands verläuft.

Nahe beim Canary-Wharf-Wolkenkratzer lohnt das Museum in Docklands einen Besuch. Dort kann man sich über jene Zeit informieren, als die alten Hafenanlagen noch in Betrieb waren. Vom River Taxi Pier sollte man zum Kreisverkehr West Ferry Circus gehen und dort der Hertsmere Road folgen. An dieser Straße liegt das Ausstellungsgebäude.

Weiter den Themse-Pfad in Richtung Süden passieren wir Millwall Dock, das 1868 eröffnet wurde. Der Name leitete sich von den Mühlen ab, die im 17. und 18. Jahrhundert hier die Pumpen antrieben, mit denen man die Gegend entwässerte. Im 19. Jahrhundert wurden sie abgerissen, um Fabrikgebäuden Platz zu machen. Die bedeutendste Industrieanlage hier war die John Scott Russell-Werft, auf der Isambard Kingdom Brunel die Great Eastern baute. 1859 wurde das Schiff vom Stapel gelassen. Mit einer Länge von knapp über 200 m war der Dampfer der größte seiner Zeit und hielt diesen Rekord fast vierzig Jahre.

Über die Isle of Dogs schrieb T. S. Eliot in *The Waste Land* (*Das wüste Land*): »Der Fluß trieft hier vor Öl und Pech. Die Schuten treiben mit dem Wechsel der Gezeiten ab. Ihre roten, dem Wind ausgesetzten Segel drehen sich von hier nach da. Die Boote treiben Hölzer vor sich her in Richtung Greenwich, auf der anderen Seite der Isle of Dogs.«

Der Themse-Pfad endet an der Südspitze der Isle of Dogs, wo ein rundes überkuppeltes Gebäude den Eingang zum Greenwich Tunnel markiert. Darin verkehrt der Aufzug, der die Fußgänger zur Themse-Unterführung absenkt. Greenwich Foottunnel wurde zwischen 1897 und 1902 von dem Ingenieur Sir Alexander Binnie erbaut (der auch für die Vauxhall Bridge in London verantwortlich zeichnete) und ersetzte eine seit 1676 pendelnde Fähre. Nun konnten die Schauerleute der West India Docks schneller zu ihrem Arbeitsplatz gelangen. Die Röhre hat einen Durchmesser von 3,30 m und eine Länge von 400 m. Tritt der Wanderer am anderen Ufer wieder ans Tageslicht, so ist er in Greenwich angekommen und steht vor der Cutty

Sark. Dies ist der letzte und berühmteste Tea Clipper, der im schottischen Dumbarton 1869 für den Londoner Reeder John Willis gebaut wurde. Seinen Namen hat er von zwei Worten aus dem Gedicht *Tam O'Shanter* des schottischen Nationaldichters Robert Burns. Er bedeutet soviel wie »kurzes Hemd«; die Galionsfigur bedeckt ihre Reize nämlich nur durch ein knappes Röckchen. Als der Segler an einen Eigner ausgeliefert wurde, war er eigentlich schon obsolet geworden, denn im selben Jahr hatte man den Suez-Kanal eingeweiht, und die langsamen Dampfschiffe sparten sich nun den langen Weg um Afrika herum. Dagegen konnte der elegante und schnittige Clipper nicht ansegeln. Nur wenige Jahre, bis 1877, versah das Schiff seinen Dienst und brachte Tee von China nach Großbritannien. Auf der schnellsten Fahrt benötigte die Cutty Sark nur 107 Tage für den sogenannten China Tea Run. In den folgenden Jahren transportierte das Schiff Waren aller Art, und ab 1883 wurde es für den Wolltransport aus Australien eingesetzt. Diese Reisen waren jeweils eine Erdumrundung; auf der Hinfahrt ging es am Kap der Guten Hoffnung vorbei, und auf der Rückfahrt galt es, die Stürme von Kap Hoorn zu meistern. 1895 verkaufte der Reeder den Segler ins Ausland, wo er noch bis 1922 seinen Dienst versah, dann kam die Cutty Sark zurück nach England und wurde restauriert. Seit 1954 liegt sie im Trockendock am Pier von Greenwich und kann besichtigt werden. Alles ist originalgetreu hergerichtet; im Unterdeck gibt es überdies eine Ausstellung von verschiedenen Galionsfiguren. Im Mai 2007 brannte die Cutty Sark bis auf den stählernen Rumpf aus und wird derzeit restauriert.

Hinter dem Heck des Seglers lockt der Pub Gipsy Moth mit guten Gerichten und einem Biergarten. Der Pub wurde nach dem Zweimaster Gipsy Moth IV benannt, der neben der Cutty Sark liegt. Mit diesem Einhandsegler umrundete der damals 60jährige Francis Chisester 1966/67 die Welt. Dabei folgte er exakt jener Route, die vor ihm die Cutty Sark genommen hatte. Bei seiner Rückkehr nach Greenwich wurde er von einer begeisterten Menschenmenge begrüßt und von Queen Elizabeth geadelt.

Folgt man vom Greenwich Pier dem Themse-Pfad flußabwärts, so passiert man das Royal Naval College, an dessen Bau mehrere berühmte Architekten beteiligt waren: Inigo Jones, Christopher Wren und Nicholas Hawksmoor. Ursprünglich war das Gebäude als Ruhesitz für maritime Veteranen gedacht, eine Idee, die auf das Hôtel des Invalides in Paris und das erst kurz zuvor von Wren errichtete Royal Chelsea Hospital zurückging. Die ersten Seeleute konnten 1705 in das Royal Naval Hospital einziehen, hundert Jahre später lebten schon 2000 Veteranen in dem stattlichen Anwesen. Doch Mitte des 19. Jahrhunderts begannen die Pensionäre Klagen gegen die korrupte Verwaltung zu führen, und wenige Jahre später wurde das »Rentnerheim« geschlossen. Das Royal Naval College übernahm schließlich das Gebäude. Heute ist hier die University of Greenwich untergebracht.

Der Themse-Pfad führt uns nun zur Trafalgar Tavern, die 1837 erbaut wurde und eine frühere Kneipe, die George Tavern, ersetzte. Der neue Pub gab sich zu Ehren der siegreichen Seeschlacht von 1805 seinen heutigen Namen. In der Trafalgar Tavern verkehrten die Autoren William Thackeray, Wilkie Collins, Charles Dickens und der Historiker Thomas Macaulay. Dickens hat hier die Hochzeitsszene in seinem Roman *Unser gemeinsamer Freund* angesiedelt. Am Pub sehen wir nach rechts zur Romney Road. In einem großen Park vor uns liegt das National Maritime Museum. Es zeigt Hunderte von Schiffsmodellen, nautische Instrumente, alte Seekarten, Globen, Schiffe und Barkassen und ehrt mit der Nelson und der Cook Gallery zwei britische Helden. Hinter dem Museum erstreckt sich der Greenwich Park, der an sommerlich schönen Wochenenden gerne von picknickenden Familien genutzt wird. Auf dem Hügel im Zentrum des großen Gartenareals ragt das Königliche Observatorium in den Himmel, das 1675 von Christopher Wren auf Anordnung von Karl II. für den Astronomen John Flamstead errichtet wurde. Die Beobachtung und Kartierung des Sternenhimmels sollte einer verbesserten Navigation auf See dienen. Viele astronomische Instrumente, Ferngläser und Teleskope sind hier zu besichtigen. Durch den Hof der Sternwarte verläuft der Null-Meridian, sichtbar gemacht durch einen Metallstreifen im Boden. 1880 wurde die Greenwich Mean Time (GMT) als internationaler Standard für die Zeitmessung akzeptiert, und vier Jahre später erkannte man weltweit den geographischen Längengrad von Greenwich als Null-Meridian an.

Die interessantesten Ausstellungsstücke im Observatorium sind die vier von John Harrison entwickelten Schiffschronometer. Mit diesen Uhren ist eine spannende Geschichte verknüpft. Damit der Kapitän eines Schiffes seinen Standort auf See bestimmen kann, benötigt er u. a. den Längengrad, doch eine Methode, diesen zu bestimmen, war bis Mitte des 18. Jahrhunderts nicht bekannt. So waren die Seeleute auf Spekulationen angewiesen, wo genau sie sich auf dem Meer befanden. Aufgrund dieser Unwägbarkeiten bei der Navigation kam es zu vielen Schiffsunglücken. Samuel Pepys, der ein hoher Beamter im Marineministerium war, notierte 1683 über diesen beklagenswerten Stand der Navigation: »Angesichts der ungewissen Positionsbestimmungen und der absurden Theorien, die in diesem Zusammenhang aufgestellt werden, und des Durcheinanders, das unter den Leuten herrscht, ist völlig klar, daß sich nur durch göttliche Vorsehung, durch Zufall und aufgrund der Weite des Meeres nicht noch mehr Katastrophen in der Seefahrt ereignen als ohnehin schon.«

Als 1707 ein Teil der englischen Flotte unter dem Kommando von Admiral Shovell auf die Klippen der Isles of Scilly segelte und 2000 Seeleute ertranken, richtete sich das Augenmerk der Admiralität erneut auf das Problem der Längengradbestimmung. 1714 setzte das Board of Longitude den Preis von sagenhaften £ 20 000 für eine Lösung aus. Namhafte Wissenschaftler aus ganz Europa bemühten sich um astronomische Lösungen, doch 1736 stellte der Uhrmacher John Harrison seinen Marine Timekeeper H1 einer staunenden Öffentlichkeit vor. Die Uhr war fast einen Meter hoch und wog 36 kg. Im Laufe der folgenden Jahre konstruierte Harrison zwei weitere Uhren und konnte die Marineautoritäten 1760 mit seinem nur noch faustgroßen Time Keeper H4 überzeugen. Elf Jahre später hatte sich der Chronometer in der Seefahrt bewährt, und Harrison erhielt einen Teil des Preisgeldes. Wer die hier kurz skizzierte Geschichte über John Harrison und seine Uhren genauer nachlesen möchte, der sollte zu dem Roman *Längengrad* (1996) der amerikanischen Wissenschaftsjournalistin Dava Sobel greifen.

Der königlichen Sternwarte übrigens ist noch ein Planetarium angeschlossen.

→ Tourist Information: Greenwich, Pepys House, Cutty Sark Gardens, Tel. 0870-6082000

Zurück am Greenwich Pier nehmen wir nun die letzte Etappe des Themse-Pfades in Angriff, gut 10 km liegen noch vor uns. Nach der Hälfte der Strecke kommen wir zu dem berüchtigten Millennium Dome, der zur Jahrtausendwende errichtet wurde und von Anbeginn an eine teure Pleite war. Im Jahr 2000 wurde in der gigantischen Mehrzweckhalle, die auf 80 000 m² rund 40 000 Besucher fassen kann, die sogenannte Millenium-Ausstellung gezeigt, die sich zu einem finanziellen Fiasko entwickelte. Die Besucherzahlen waren von der Regierung viel zu optimistisch angesetzt worden, und die Eintrittsgelder deckten nicht einmal die laufenden Kosten. Die Regierung mußte mehrfach zweistellige Millionenbeträge nachschießen, um den Dome vor einem sofortigen Konkurs zu bewahren. Bis heute gibt es für die 758 Mio. Pfund teure Halle kein Nutzungskonzept. Es gab Pläne, den Dome zu einem Technologie-Park umzubauen, doch derzeit ist die gigantische Halle nur für wenige Veranstaltungen im Jahr geöffnet. 2004 hatte Paul McCartney den Dome für kurze Zeit angemietet, um sich hier auf seine Welttournee vorzubereiten. Die größte Halle der Welt hat einen Durchmesser von 320 m. Das Dach wird von zwölf, rund 100 m hoch aufragenden Stahlpfeilern gehalten.

Und dann ist die Thames Barrier erreicht, die das Londoner Stadtgebiet vor Überschwemmungen schützen soll. In den vergangenen Jahrhunderten hat die einlaufende Tide immer wieder die Ufer des Mündungstrichters der Themse und auch London unter Wasser gesetzt. Der Anglo-Saxon Chronicle berichtet für das Jahr 1099, daß am Tag des hl. Martin eine Sturmflut zu gewaltiger Höhe aufsprang und einen Schaden anrichtete, wie ihn noch niemand gesehen hatte. John Stow notierte in seinen Chronicles of England derart heftige Überschwemmungen in den Jahren 1236 und 1242, daß man in der Westminster Hall mit einem Boot herumfahren konnte. Und Samuel Pepys schrieb am 7. Dezember 1663 in sein Tagebuch: »In Whitehall war gestern der höchste Wasserstand seit Menschengedenken, das ganze Stadtviertel stand unter Wasser.« In der Nacht des 6. Januar 1928 rechneten die Behörden mit einem Höchststand der Flut von beruhigenden 3,66 m. Doch als die Tide um 1 Uhr 37 in den Themsetrichter rauschte, hatten starke Winde eine Sturmflut mit einer Höhe von 6,25 m produziert. Gleiches geschah noch mehrfach in den folgenden Jahrzehnten; 1953 kamen bei einer Jahrhundertflut 300 Menschen ums Leben. 1974 dann begann der Bau der Thames Barrier, die fortan das Londoner Stadtgebiet vor Überschwemmungen schützen sollte; die Arbeiten verschlangen £ 500 Mio. Im Oktober 1982 war der gigantische Damm fertiggestellt; und bereits im Februar 1983 schlossen sich die Tore ein erstes Mal. Sieben silbern glänzende Türme ragen weit über die Wasseroberfläche hinaus. Zwischen ihnen ist auch für die allergrößten Ozeanriesen genügend Platz. Die Fluttore liegen auf dem Boden des Flusses. Droht eine hohe Tide, können sie innerhalb von 30 Minuten hochgeschwenkt werden und riegeln den Strom dann vollständig ab. Im Winter 2000 mußten die Fluttore insgesamt 25mal in ihre schützende Stellung gebracht werden, um Überschwemmungen im Stadtgebiet zu verhindern. Doch die Thames Barrier stellt nur einen Schutz auf Zeit dar. Der Pegel der Themse steigt pro Jahr um acht Millimeter, und so wird der Damm ab dem Jahr 2030 wohl keine Sicherheit mehr für die Metropole bieten.

An der großen Flutbarriere endet der Themsepfad; jenseits davon säumen Industrieanlagen, Raffinerien und der Container-Hafen von Tilbury die Ufer des Flusses. Der Strom wird nun langsam immer breiter und ergießt sich bei South-end-on-Sea schließlich in die Nordsee. Mitten in dieser Trichtermündung liegt die 94 km² große, flache und sumpfige Isle of Sheppey, die etwa 12 000 Bewohner zählt, wobei die allermeisten in der Inselkapitale Sheerness leben. Oft wurde das Eiland im Laufe seiner Geschichte von der Nordsee verschluckt, immer dann, wenn eine Sturmflut in den Mündungstrichter der Themse spülte. Im 16. Jahrhundert sicherten die Engländer das Eiland mit einem Fort, um feindlichen maritimen Invasionen den Zugang zur Themsemündung zu verlegen. 1667 dann ging auf die Initiative von Samuel Pepys der Bau von Werften zurück, in denen Kriegsschiffe auf Kiel gelegt, gewartet und repariert werden konnten; erst 1960 wurden diese Anlagen geschlossen. Von 1974 an bis zu seinem frühen Tod zehn Jahre später lebte der Schriftsteller Uwe Johnson (*1934) in Sheerness. Ein Jahr vor seiner »Emigration« war der dritte Band seines Roman-Zyklus *Jahrestage* erschienen, der ausführlich das Leben der Gesine Cresspahl schildert; ab nun kämpfte Johnson gegen eine Schreibhemmung an, aus der ihn die vielen aufmunternden, fordernden und unterstützenden Briefe seines Verlegers Siegfried Unseld nur schwer herausreißen konnten. 1983 schließlich erschien der vierte und letzte Band.

In der Erzählung *Ein Schiff* hat Johnson sein Refugium beschrieben: »In der Themse, etwa drei Kilometer vor der nördlichen Küste der Insel Sheppey, fällt eine Gruppe schräg paralleler Stangen auf, vor allem sichtbar bei Niedrigwasser, noch in der um sechs Meter höheren Flut, denn in ihrem Rücken schaukelt Wasserfläche weit und, da drüben die Küste von Essex recht bestimmt nach Norden hochgebogen ist, der Horizont unter den rasch wechselnden Beleuchtungen des Himmels. Wer hier zuzieht, in der

Stadt Sheerness an der Nordwestecke der Insel, dem ist es angekommen auf die Spiegelungen des Lichts in der vielfältig bewegten Flußmündung und Nordsee, der hält jene Stangen anfangs für Reusen, von einem rabiaten Westwind schief gedrückt, denn der Blick über unbegrenztes Wasser vertut sich leicht in Entfernungen, und das schwarze Dreieck, das bei Ebbe zwischen ihnen erscheint, kann recht wohl genommen werden für ein Fischerboot mit Stammrecht. Wer hier zugezogen ist, meint eines Fernglases zu bedürfen, er wird irre an den Reusen, denn keinmal in zwei Wochen werden sie versetzt, außerdem sind die Stangen von ungleicher Länge, in befremdlich regelmäßigem Verhältnis zueinander, und zu dicht am Fahrwasser stehen sie auch. Was ist das?«

→ Design Museum, tgl. 11.30-18 Uhr
Brunel Engine House, April-Okt. Sa./So. 13-17,
Okt.-März So. 13-17 Uhr
Dickens Inn, Tel 020-74882208)
Thistle Tower Hotel, Tel. 0870-3339106
Museum in Docklands, tgl. 10-18 Uhr
Cutty Sark, tgl. 10-17 Uhr
National Maritime Museum, tgl. 10-17 Uhr
Königliches Observatorium, tgl. 10-17 Uhr

Anhang

Vermietung von Booten (Kabinenkreuzer und Narrow Boats)

Achtung: Wer oberhalb der Osney Bridge, am nördlichen Stadtrand von Oxford, einen Kabinenkreuzer anmietet, sollte darauf achten, daß dieser niedrig genug ist, um die nur 2,28 m hohe Brücke zu unterqueren.

- Cotswold Boat Hire, Lechlade, Tel. 01793-700241, www.formuladesign.co.uk/cotswoldboat, Kabinenkreuzer
- Anglo Welsh Waterway Holidays, Eynsham, Tel. 0117-3041122, www.angolwelsh.co.uk, Narrow Boats
- Oxfordshire Narrow Boats Ltd., Bicester, Tel. 01869-340348, www.oxfordshire-narrowboats.co.uk, Narrow Boats
- College Cruiser Ltd., Oxford, Tel. 01865-554343, www.collegecruisers.com, Narrow Boats
- Caversham Boat Services, Reading, Tel. 0118-9574323, www.cavershamboatservice.co.uk, Kabinenkreuzer
- Kennet Cruises, Reading, Tel. 0118-9871115, www.kennetcruises.co.uk, Narrow Boats
- Bridge Boat Ltd., Reading, Tel. 0118-9590346, www.bridgeboats.com, Kabinenkreuzer, Narrow Boats
- Kris Cruisers, Datchet, Tel. 01753-543930, www.kriscruisers.co.uk, Kabinenkreuzer
- Chertsey Meads Marine, Chertsey, Tel. 0870-4118999, www.boatthames.com, Kabinenkreuzer
- Farncombe Boathouse Ltd., Godalming, Tel. 01483-421306, www.farncombeboats.co.uk, Narrow Boats
- Guildford Boathouse, Guildford, Tel. 01483-504494, www.guildfordboats.co.uk, Narrow Boats

Campingplätze
- Bridge House Campsite, Bridge House, Lechlade, Tel. 01367-252348, 200 m vom Fluß entfernt

- The Swan Hotel, Radcot, Tel. 01367,810220, direkt am Themse-Pfad auf dem Gelände des Swan Hotel
- Rushey Lock, Tadpole Bridge, Tel. 01367-870218, am Themse-Pfad direkt am Fluß, keine Parkmöglichkeit, nur für Wanderer, Rad- und Bootsfahrer
- The Trout Inn, Tadpole Bridge, Tel. 01367-870382, am Themse-Pfad direkt am Fluß
- Northmoor Lock Field, Eaton, Cunmoor, Tel. 01865-862908, informeller Campingplatz, Schleusenwärter erteilt Auskunft
- The Ferryman Inn, Bablockhythe, Tel. 01865-880028, am Themse-Pfad direkt am Fluß
- Eynsham Lock, Swinford Bridge, Eynsham, Tel. 01865-881324, direkt am Fluß, keine Parkmöglichkeit, nur für Wanderer, Rad- und Bootsfahrer
- Day's Lock, Little Wittenham, Tel. 01865-407768, am Themse-Pfad
- Benson Waterfront, Benson, Tel. 01491-838304, am Themse-Pfad direkt am Fluß
- Riverside Park, The Street, Wallingford, Tel. 01491-835232, am Fluß gegenüber vom Themse-Pfad
- Swiss Farm International Camping, Henley, Tel. 01491-573419, 400 m vom Fluß entfernt
- Hurley Riverside Park, Hurley Farm, Tel. 01628-823501, am Themse-Pfad direkt am Fluß
- Hurley Lock, Mill Lane, Hurley, Tel. 01628-824334, am Themse-Pfad
- Longridge Scout Boating Centre, Quarry Wood Road, Marlow, Tel. 01628-483252, gegenüber vom Themse-Pfad am anderen Ufer
- Cookham Lock, Odney Lane, Cookham, Tel. 01628-520752, etwas abseits vom Themse-Pfad, direkt am Fluß, keine Parkmöglichkeit, nur für Wanderer, Rad- und Bootsfahrer
- Amerdam Caravan & Camping Site, Old Marsh Lane, Dorney Reach, Maidenhead, Tel. 01628-627461, am Themse-Pfad
- Laleham Camping Club, Laleham Park, Tel. 01932-564149, neben dem Fluß am Themse-Pfad

- Chertsey Camping Club Site, Bridge Road, Chertsey, Tel. 01932-562405, am Fluß

Jugendherbergen

- Oxford Youth Hostel, Botley Road, Oxford, Tel. 01865-762997, nahe am Themse-Pfad, mit Campingplatz
- Streatley Youth Hostel, Hill House, Reading Road, Streatley, Tel. 01491-872278, 400 m vom Themse-Pfad
- Windsor Youth Hostel, Mill Lane, Windsor, Tel. 01753-861710, 400 m vom Fluß, 1,5 km vom Themse-Pfad

Quellenverzeichnis

– Ackroyd, Peter: London. Die Biografie. Aus dem Englischen von Holger Fliessbach. Albrecht Knaur Verlag, München 2002.
– Ackroyd, Peter: Thames. Sacred River. London 2007.
– Atterbury, Paul / Anthony Haines: The Thames. London, 1998.
– Bakewell, Michael: Lewis Carroll. A Biography. London, 1996.
– Billing, Joanna (ed.): The Hidden Places of the Thames Valley. Aldermaston, 1999.
– Carroll, Lewis: Alice im Wunderland. Aus dem Englischen von Christian Enzensberger. Insel Verlag Frankfurt am Main 1973.
– Chaucer, Geoffrey: Die Canterbury-Erzählungen. Aus dem Englischen von Martin Lehnert. Insel Verlag Frankfurt am Main 1987.
– Dickens, Charles: Oliver Twist. Aus dem Englischen von Gustav Meyrink. Insel Verlag Frankfurt am Main und Leipzig 2005. Dickens jr., Charles: Dictionary of the River Thames 1887. An unconventional Handbook. Newton Abbot, 1994.
– Drabble, Margaret: The Oxford Companion to English Literature. Oxford, 1992.
– Duchein, Michel: Maria Stuart. Eine Biographie. Benziger Verlag, Zürich 1992.
– Eade, Brian: Forgotten Thames. Stroud, 2002.
– Eagle, Dorothy / Carnell, Hillary (ed.): The Oxford Illustrated Literary Guide to Great Britain and Ireland. Oxford, 1992.
– Eliot, T. S.: Das wüste Land. Aus dem Englischen von Ernst Robert Curtius. Suhrkamp Verlag Frankfurt am Main 1975.
– Fontane, Theodor: Ein Sommer in London. Insel Verlag Frankfurt am Main und Leipzig 1995.
– Forester, Cecil Scott: Kommandant Hornblower. © Wolfgang Krüger Verlag, Frankfurt Main 1999.
– Glendinning, Victoria: Rebecca West. Ein Leben. Aus dem Englischen von Monika Blaich. Goldmann Verlag, München 1995.
– Goldsack, Paul: River Thames. In the Footsteps of the Famous. Chalfont St. Peter, 2003.
– Grahame, Kenneth: Der Wind in den Weiden. Aus dem Eng-

lischen von Harry Rowohlt. © 2004 by Kein & Aber AG Zürich.

- Hardy, Thomas: Herzen in Aufruhr. Aus dem Englischen von Eva Schumann. Deutscher Taschenbuch Verlag, München 1997.
- Hardy, Thomas: Jude the Obscure. London, 1998.
- Heffer, Simon: Moral Desperado. A Life of Thomas Carlyle. London, 1995.
- Hill, Susan (ed.): The Spirit of Britain. An Illustrated Guide to Literary Britain. London, 1994.
- Huxley, Aldous: Eine Gesellschaft auf dem Lande. Aus dem Englischen von Herbert Schlüter. Piper Verlag, München 1991.
- James, Henry: In England, um glücklich zu sein. Aus dem Englischen von Nikolaus Stingl. © List Verlag, München 1988.
- Jens, Walter (Hg.): Kindlers neues Literatur-Lexikon. Kindler Verlag, München 1988.
- Jerome, K. Jerome, 3 Männer im Boot ... ganz zu schweigen vom Hund. Roman einer Themsefahrt. Aus dem Englischen von Arnd Kösling. Haffmans Verlag, Zürich 1996.
- Jerome, K. Jerome, Three Men in a Boat (To Say Nothing of the Dog). London, 1991.
- Johnson, Uwe: Karsch und andere Prosa. Suhrkamp Verlag Frankfurt am Main 1990.
- Kern-Stähler, Annette / Stähler, Axel: England: Themse-Ring mit Grand Union- und Oxford-Kanal. Conrad Stein Verlag, Struckum 2000.
- Kessler, Harry Graf: Das Tagebuch 1880-1937. Band 4: 1906-1914. Klett-Cotta, Stuttgart 2005.
- Kirsch, Hans-Christian (Hg.): William Morris. Wie wir leben und wie wir leben könnten. DuMont Literatur und Kunst Verlag, Köln 1992.
- Lawrence, D. H.: Liebende Frauen. Aus dem Englischen von Theresia Mutzenbecher. Rowohlt Verlag, Reinbek 1994.
- Latham, Robert / Matthews, William (ed.): The Diary of Samuel Pepys. London, 1995.
- Lee, Hermione: Virginia Woolf. Ein Leben. Aus dem Englischen

von Holger Fliessbach. S. Fischer Verlag, Frankfurt am Main 1999.

- MacCarthy, Fiona: William Morris. A Life in our Time. London, 1994.
- Maurer, Michael (Hg.): O Britannien, von deiner Freiheit einen Hut voll. Deutsche Reiseberichte des 18. Jahrhunderts. C. H. Beck Verlag, München 1992.
- Marius, Thomas: Thomas Morus. Eine Biographie. Aus dem Amerikanischen von Ute Mäurer. Benziger Verlag, Zürich 1987.
- Martin, G. H. / Williams, Ann (ed.): Domesday Book. London, 2003.
- Milne, A. A.: Pu der Bär. Aus dem Englischen von Harry Rowohlt. Deutscher Taschenbuch Verlag, München 1996.
  Moritz, Karl Philipp: Reisen eines Deutschen in England im Jahr 1782. Insel Verlag Frankfurt am Main und Leipzig 2000.
- Morrell, Ottoline: Ottoline at Garsington. Memoirs of Lady Ottoline Morrell. London, 1974.
- Muhlstein, Anka: Die Gefahren der Ehe. Elisabeth von England und Maria Stuart. Insel Verlag Frankfurt am Main und Leipzig 2005.
- Neale, John E.: Elisabeth I. Königin von England. Aus dem Englischen von Georg Goyert. Eugen Diederichs Verlag, München 1994.
- Palmer, Alan and Veronica: Chronology of the British History. London, 1996.
- Pepys, Samuel: Das geheime Tagebuch. Aus dem Englischen von Jutta Schlösser. Insel Verlag Frankfurt am Main 1982.
- River Thames. A Visitors' Guide. Norwich, 2000.
- Sackville-West, Vita: Schloß Chevron. Aus dem Englischen von Käthe Rosenberg und Hans B. Wagenseil. © S. Fischer Verlag GmbH, Frankfurt am Main 1931.
- Sager, Peter: Cambridge. Eine Kulturgeschichte. Insel Verlag Frankfurt am Main und Leipzig 2008.
- Sager, Peter: Oxford. Eine Kulturgeschichte. Insel Verlag Frankfurt am Main und Leipzig 2008.

– Sager, Peter: Englische Gartenlust. Von Cornwall bis Kew Gardens. Insel Verlag Frankfurt am Main und Leipzig 2006.
– Sager, Peter: Die Besessenen. Begegnungen mit Kunstsammlern zwischen Aachen und Tokio. DuMont Literatur und Kunst Verlag, Köln 1992.
– Semsek, Hans-Günter: Englische Dichter und ihre Häuser. Insel Verlag Frankfurt am Main und Leipzig 2001.
– Shakespeare, William: Die lustigen Weiber von Windsor. In: Frühe Komödien. Aus dem Englischen von August Wilhelm Schlegel. Reclam Verlag, Leipzig 1973.
– Sheldon, Michael: Orwell. An Authorized Biography. London, 1991.
– Sobel, Dava: Längengrad. Die wahre Geschichte eines einsamen Genies, welches das größte wissenschaftliche Problem seiner Zeit löste. Aus dem Amerikanischen von Matthias Fienbork. Berlin-Verlag, Berlin 1996.
– Steinacher, Rüdiger J.: Kapitänshandbuch »River Themse«. Themse Guide II. IWS-Verlag, Germering 2001.
– Thames. The River and the Path. Geoprojects (UK), Reading 2000.
– Titchmarsh, Peter: The Complete Cotswolds. Norwich, 1999.
– Viner, David: The Thames and Severn Canal. History and Guide. Stroud, 2002.
– Voß, Karl: Reiseführer für Literaturfreunde. England & Wales. Ullstein Verlag, Berlin 1989.
– Voß, Ursula: Bertrand Russell und Lady Morrell. Rowohlt Verlag, Berlin 1999.
– Weightman, Gavin: London's Thames. London, 2004.
– Weinreb, Ben / Hibbert, Christopher (ed.): The London Encyclopaedia. London, 1983.
– Wilde, Oscar: Das Bildnis des Dorian Gray. Essays. Gedichte. Aus dem Englischen von Siegfried Schmitz. Winkler Verlag, München 1972. © Patmos Verlag GmbH & Co. KG / Artemis & Winkler Verlag, Düsseldorf.
– Williams, Nigel: $2^{1}/_{2}$ Männer im Boot. Aus dem Englischen von Arnd Kösling. Haffmans Verlag, Zürich 1996.

– Woolf, Leonard: Beginning Again. An Autobiography of the Years 1911 to 1918. New York, 1975.
– Woolf, Virginia: Tagebücher. Band 1-4. 1915-1935. © S. Fischer Verlag GmbH, Frankfurt am Main.
– Woolf, Virginia: London. Bilder einer großen Stadt. Aus dem Englischen von Kyra Stromberg. © Verlag Klaus Wagenbach, Berlin 1992.
– Woolf, Virginia: Mrs. Dalloway. Aus dem Englischen von Walter Boehlich. S. Fischer Verlag, Frankfurt am Main 2006.
– Wright, Patrick: The River Thames in our Time. London, 1999.

Abbildungsnachweis